SCHNELLES WISSEN IN
30 MINUTEN

GESICHTER
ZEICHNEN

INHALTSVERZEICHNIS

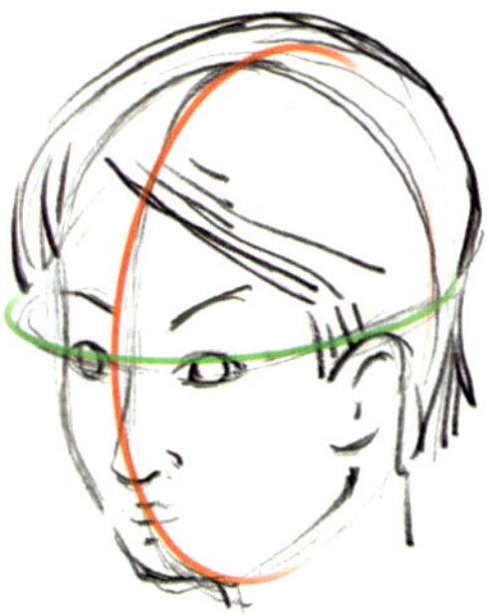

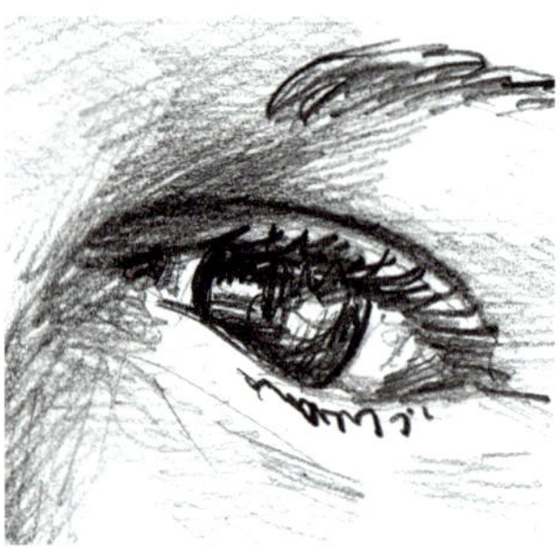

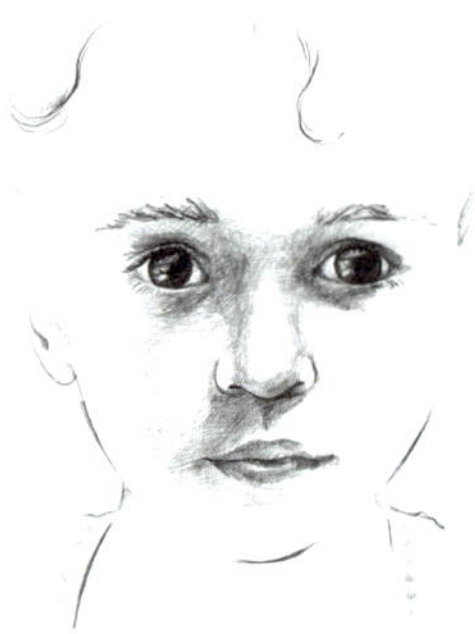

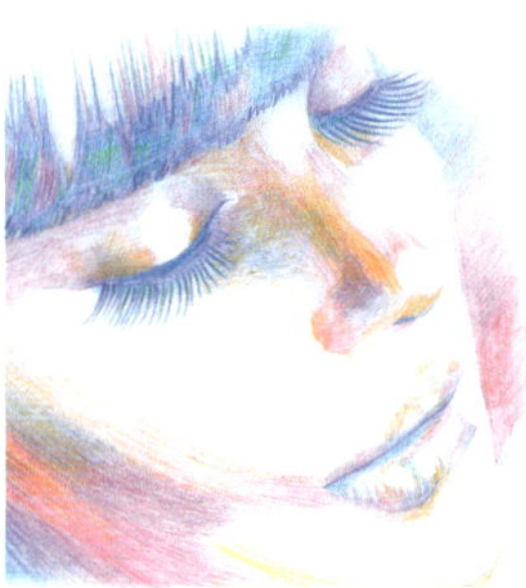

VORWORT

Gesichter zeichnen zu können ist der Wunsch vieler kreativ interessierter Menschen. Doch der Zeitaufwand, um es zu lernen, schreckt viele davon ab, es überhaupt einmal auszuprobieren. Aus dieser Erfahrung heraus und durch Beobachtungen in zahlreichen Zeichenkursen ist dieses Buch entstanden. Denn dabei wurde mir klar, dass die Fragen der meisten Zeichenschüler oft schon viel früher ansetzen, als man denkt, beispielsweise beim vermeintlich einfachen Zeichnen eines Kreises.

Es gibt eine Vielzahl kleiner Tricks, die es ermöglichen, schneller und besser ans gewünschte Ziel zu kommen. Diese Tricks, wie etwa die Zuhilfenahme von stark aufgehellten Fotos oder Karopapier sind meistens viel einfacher und schneller nachzuvollziehen als man denkt.

Einfache und mit geringem Arbeitsaufwand machbare Techniken stehen im Vordergrund, alles, was nicht unmittelbar mit den ersten Lernzielen zusammenhängt, wurde weggelassen.

Am Ende des Buches, das mit Basistechniken beginnt und mit ersten eigenen, kreativen Ideen abschließt, sollte sich jeder zumindest etwas verbessert haben, oder sogar schon ganz gut Gesichter zeichnen können.

Ich hoffe, es ist mir gelungen, eine ganze Reihe an nützlichen Tipps zusammenzutragen, auch Dinge, über die man in Künstlerkreisen lieber schweigt. Nehmen Sie sich Zeit, die Lektionen künstlerisch zu begleiten und Sie werden schnell erste Erfolge zu verzeichnen haben.

Ich wünsche Ihnen viel Freude beim Blättern und bei den 30-Minuten-Lektionen!

Ihr Gerhard Wörner,

alias Gecko Keck

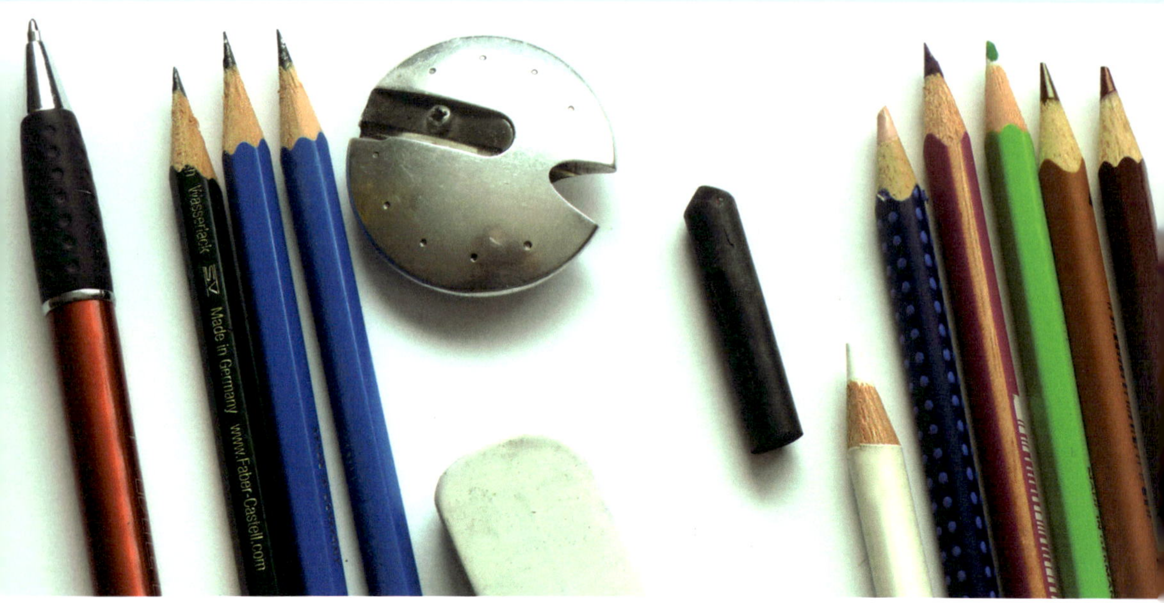

MATERIAL »

Die technischen Möglichkeiten, etwas zu Papier bringen, sind äußerst vielfältig und der Fantasie bei der Materialauswahl sind kaum Grenzen gesetzt. Wer aber einfach sein Wissen etwas erweitern und zeichnerisch weiterkommen möchte, der sollte sich nicht allzu lang Gedanken über das Material machen, sondern einfach loslegen. Mit Bleistift und Papier lässt sich auf alle Fälle gut arbeiten – das weiß im Grunde jedes Kind. Und da auch dieses Buch sich in allererster Linie damit befasst, wie man möglichst schnell zeichnerisch dazulernt, hier eine einfache Liste an Materialien, die sich gut eignen.

MATERIALLISTE

- 2 bis 3 Bleistifte in Stärken zwischen HB und 4B
- weißes Papier DIN A4
- Kugelschreiber
- Buntstifte
- Zeichenkohle
- eventuell Wachskreiden
- Radiergummi und Spitzer
- Computer, Scanner und Drucker für die Fototechniken
- Masking Fluid (Rubbelkrepp)

Machen Sie sich mit Ihrem Zeichenmaterial vertraut und probieren Sie es aus.
Es ist immer gut, die Eigenheiten des Materials selbst kennen zu lernen.

LINIE UND SCHRAFFUR »

LINIEN

Zeichnen, egal ob mit Bleistift, Kohle oder Kugelschreiber, bedeutet immer, mit Linien zu arbeiten – im Gegensatz zur Malerei, wo mit dem Pinsel flächig gestaltet wird. In der Zeichenkunst unterscheidet man dabei zwischen Konturlinien und Schraffurlinien. Die Konturlinie gibt nur die äußere Form eines Körpers wieder.

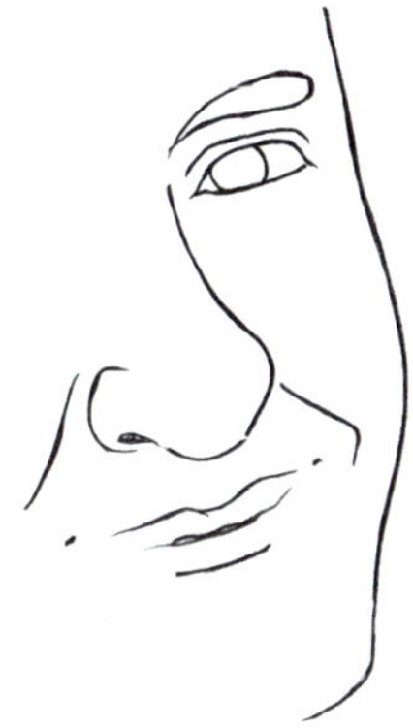

▲ *Die Konturlinie zeigt den Umriss eines Körpers.*

SCHRAFFUREN

Mit Schraffuren kann man dagegen die ganzen Elemente eines Gesichtes dreidimensional aus dem Papier „herausmodellieren" und Licht und Schatten in einem Gesicht darstellen.
Wichtig ist dabei, die Bereiche eines Motivs zu erkennen, die im Schatten liegen, um sie dann richtig zu schraffieren. Am Beispiel einer Nase, eines Mundes und eines Auges kann man dies sehr deutlich erkennen – von der Fotovorlage bis hin zum schraffierten Detail. Wie man dann genau vorgeht, um die ganzen Bestandteile eines Gesichts stimmig umzusetzen, zeigen die jeweiligen Lektionen.

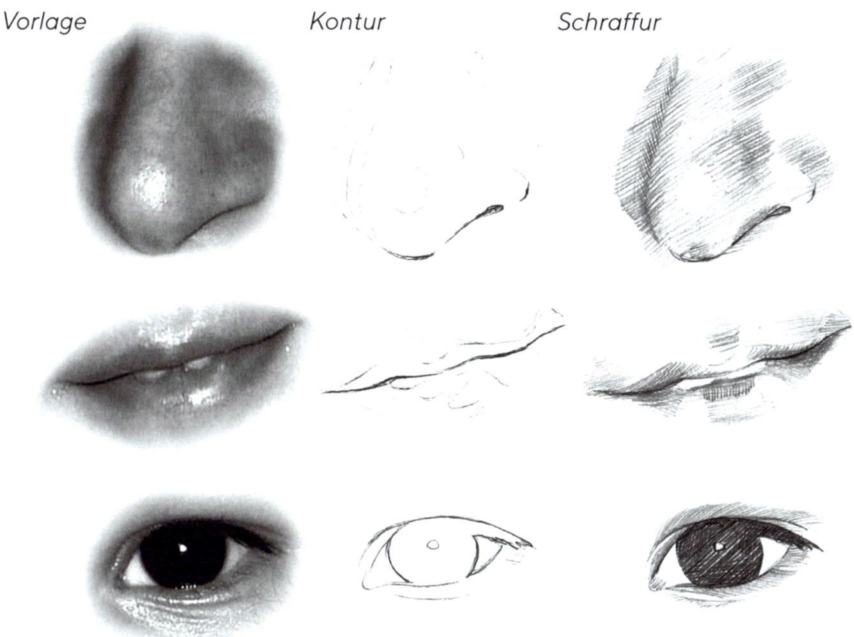

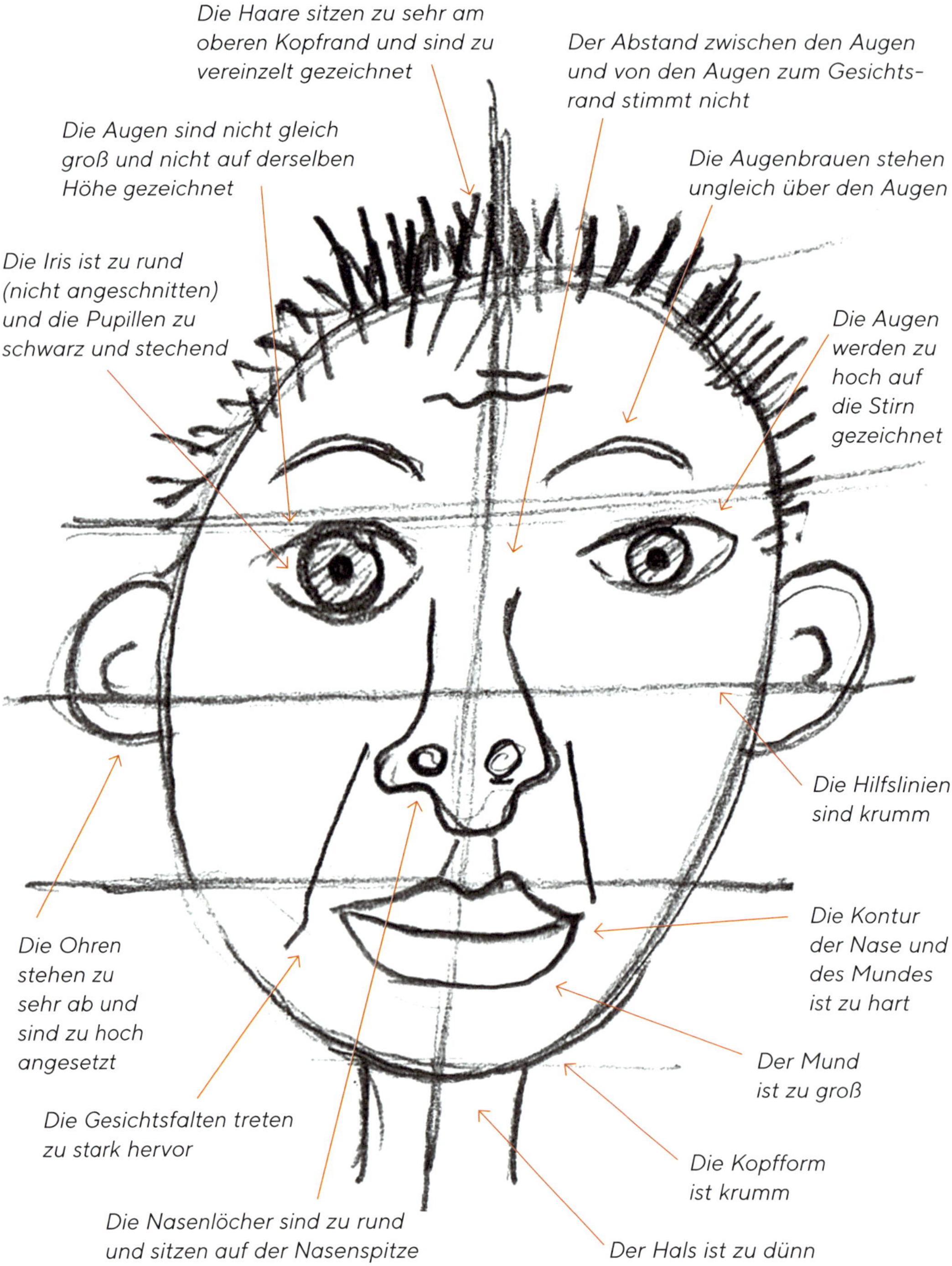
Die Haare sitzen zu sehr am oberen Kopfrand und sind zu vereinzelt gezeichnet
Der Abstand zwischen den Augen und von den Augen zum Gesichtsrand stimmt nicht
Die Augen sind nicht gleich groß und nicht auf derselben Höhe gezeichnet
Die Augenbrauen stehen ungleich über den Augen
Die Iris ist zu rund (nicht angeschnitten) und die Pupillen zu schwarz und stechend
Die Augen werden zu hoch auf die Stirn gezeichnet
Die Hilfslinien sind krumm
Die Kontur der Nase und des Mundes ist zu hart
Die Ohren stehen zu sehr ab und sind zu hoch angesetzt
Der Mund ist zu groß
Die Gesichtsfalten treten zu stark hervor
Die Kopfform ist krumm
Die Nasenlöcher sind zu rund und sitzen auf der Nasenspitze
Der Hals ist zu dünn

TYPISCHE FEHLER »

FEHLERQUELLEN

Die Zeichnung auf Seite 6 fasst die häufigsten Fehler zusammen, die beim Zeichnen von Gesichtern auftreten können. Mit dem richtigen Knowhow werden Sie in Zukunft Fehler vermeiden und Gesichter besser zeichnen.

FORMALE FEHLER VERMEIDEN

Es sind aber nicht nur die zeichnerischen Fehler, welche es zu korrigieren gilt, sondern es treten auch ganz formale Fehler im Arbeitsablauf auf. Hier die drei besten Tipps, um formale Fehler zu vermeiden:

» Wenig oder gar nicht radieren

Der Radierer ist ein vermeintlich gutes Hilfsmittel beim Zeichnen. Gezielt und nur ab und zu eingesetzt ist dies sicher auch der Fall. Jedoch sollte man häufiges Radieren vermeiden und Zeichenfehler auch mal stehen lassen. So kann man sie sich immer wieder in Erinnerung rufen und beim nächsten Mal vermeiden. Lieber öfters ein neues Blatt zur Hand nehmen!

» Den richtigen Blickwinkel einnehmen

Wenn man das Papier auf einen flachen Tisch legt, blickt man als Zeichner von schräg vorne darauf. Dadurch verzerrt sich das Bild leicht, obwohl es aus der momentanen Blick-Perspektive richtig erscheint. Besser ist es, das Papier auf eine feste Fläche zu heften oder gleich einen Zeichenblock mit Karton zu verwenden. Diesen kann man leicht schräg halten, so dass der Blick „im rechten Winkel" auf das Blatt fällt.

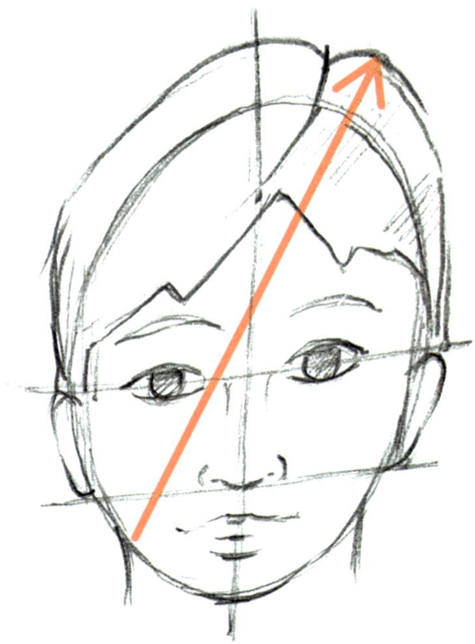

» Verwischen vermeiden

Weiche Bleistiftlinien, Buntstift und vor allem Kohle verwischen schnell, wenn der Handballen beim Zeichnen auf dem Papier aufliegt. Um das zu vermeiden, zeichnet man die Stellen im Bild, wo die Hand aufliegt, zuletzt. Alternativ kann man das Blatt auch immer wieder drehen und so den Kontakt mit den bereits fertigen Stellen vermeiden.

LEKTION 1 »

IMMER LOCKER WERDEN!

FREIKRITZELN

Haben Sie schon einmal kleine Kinder beim Zeichnen beobachtet? Sie fangen einfach an, ohne groß zu überlegen! Aber schon ab etwa sechs Jahren, mit dem Beginn der Schule, hemmt der Gedanke daran, etwas falsch machen zu können, die Kreativität. Deshalb ist es wichtig, am Anfang seine Hemmungen abzulegen und einfach anzufangen.
Anfangen heißt in diesem Fall, den Stift „mechanisch" und unter Ausschluss jeder Überlegung „über das Papier zu bewegen" – je unkoordinierter und wilder, umso besser! Sie werden merken, dass Sie sich dabei ein kleines Stückchen der kreativen Wildheit zurückholen, welche sie als kleines Kind vielleicht einmal hatten.

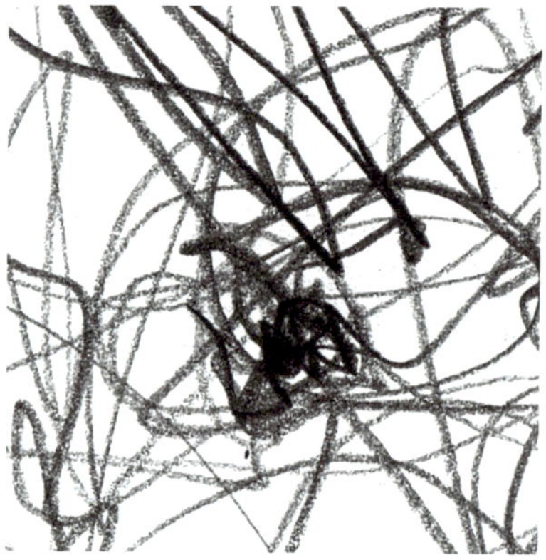

▲ *Im Detail sieht man sehr gut die freie Kritzelei und die Willkür der Linien.*

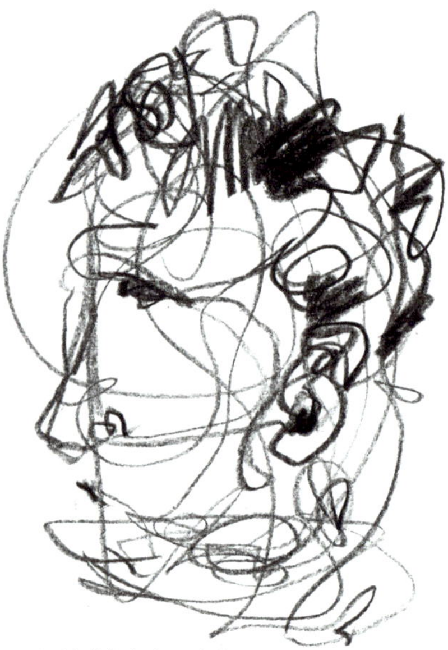

▲ *Kohlekritzelei*

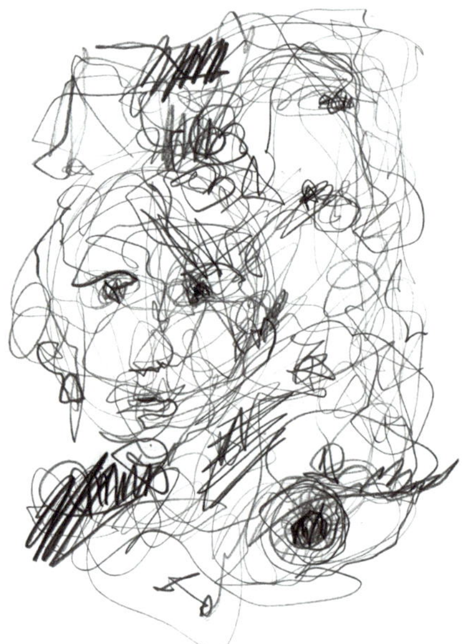

▲ *Bleistiftkritzelei*

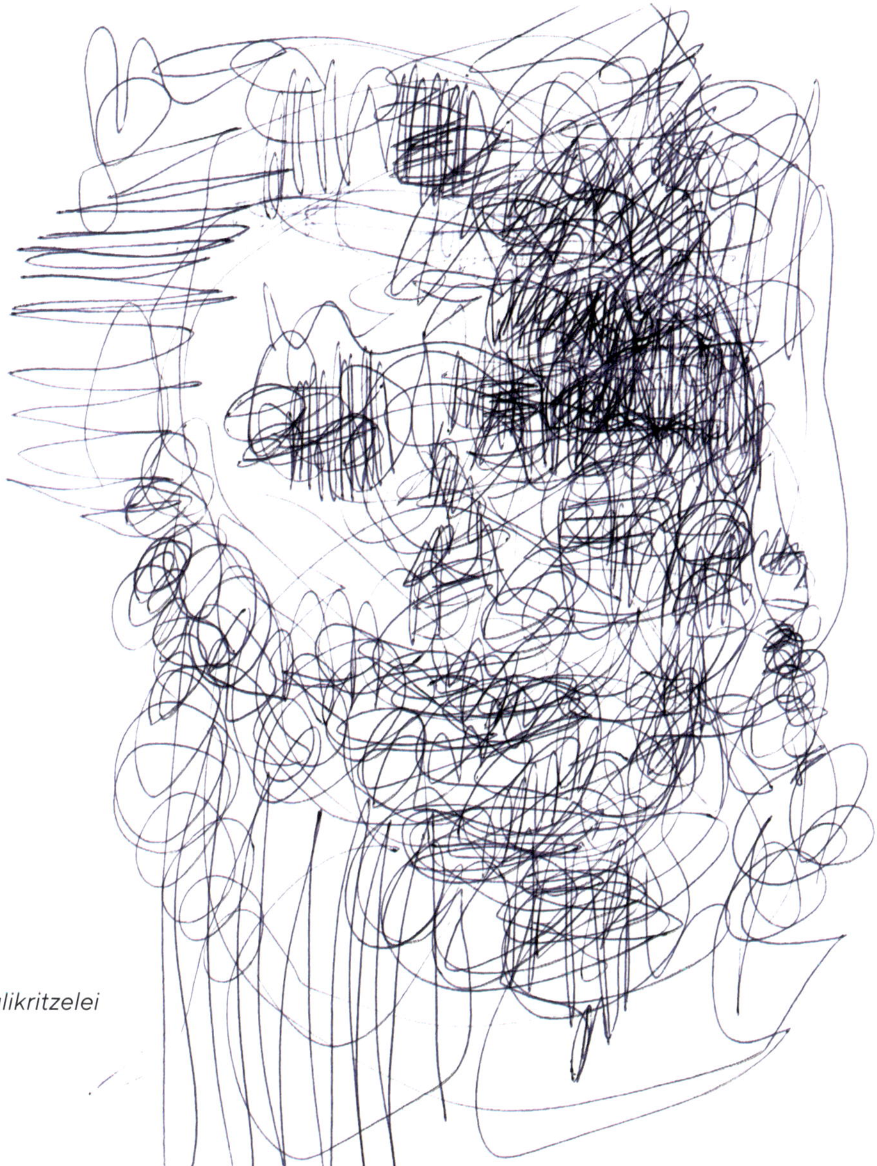

▶ *Kulikritzelei*

LEKTION 1 » **KURZGEFASST**

- Vielleicht entsteht beim Kritzeln mehr oder weniger zufällig schon eine Art Gesicht. Das ist hier aber noch nicht der Anspruch, denn es geht zunächst einfach darum, locker zu werden, sich warm zu kritzeln.
- Vor jedem Zeichnen vorher locker werden und sich fünf Minuten warm kritzeln.

LEKTION 2 »

DIE AUGEN

WAS IST EIGENTLICH EIN AUGE?

Anders als bei der Nase, die aus dem Gesicht herausragt, befinden sich die Augen zum größten Teil im Inneren des Schädels. Im Gegensatz zur Nase ist auch nur ein kleiner Teil des Auges überhaupt sichtbar, der Rest wird von den Augenlidern verdeckt. Die Volumendarstellung verdeutlicht den Aufbau des komplett runden Augapfels. Auf dem kugelförmigen Augapfel befindet sich – wie eine ganz flache, runde Schale – die Iris.

VOLUMENDARSTELLUNG

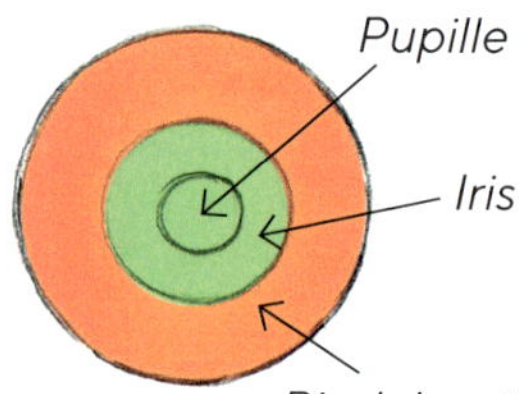

DAS ZEICHNERISCHE PROBLEM

Beim Auge kommen viele Dinge zusammen: der Augapfel, die Iris und die Pupille, die Augenlider und nicht zuletzt die Wimpern. Das Zusammenspiel dieser Elemente macht den Reiz des Auges aus. Ganz einfach aufgebaut, zeigen diese drei Abbildungen, wie man – vom runden Augapfel ausgehend – ein Auge darstellen kann.

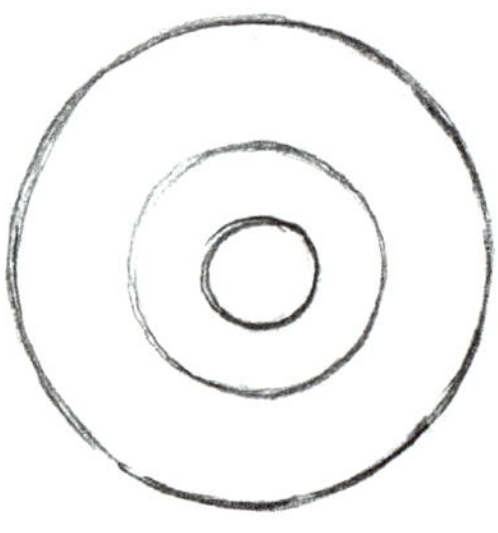

▲ *Augapfel*

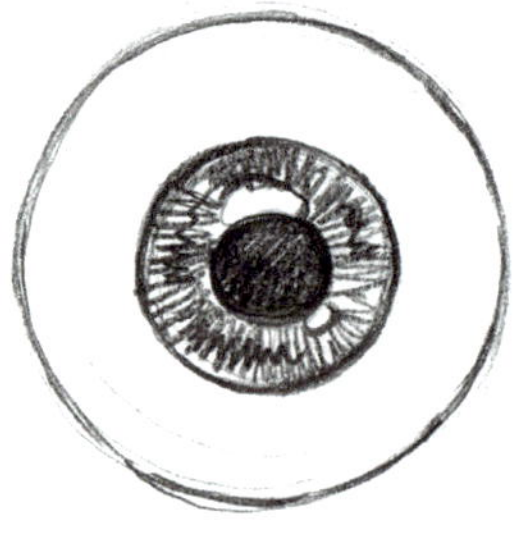

▲ *Pupille und Iris*

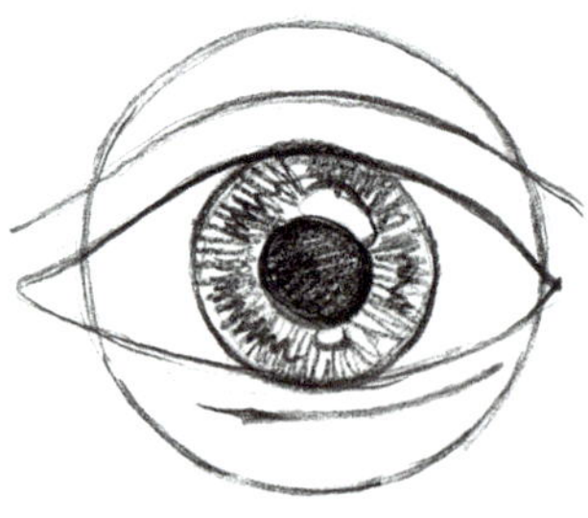

▲ *Augenlid*

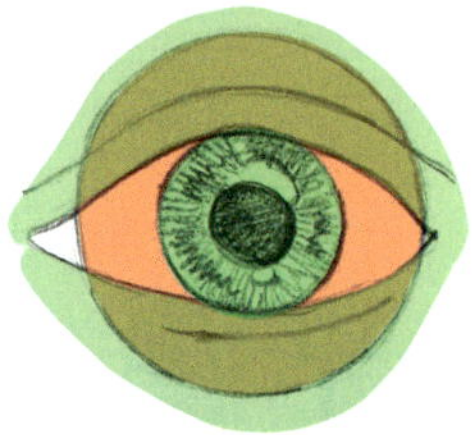

◀ *Hier sehen Sie die Volumendarstellung noch einmal, ergänzt um die Hautfalten der Augenlider. Man erkennt deutlich, wie wenig vom Augapfel selbst eigentlich sichtbar bleibt.*

VEREINFACHTE GRUNDELEMENTE

Sie können die Darstellung des Auges für sich grafisch vereinfachen, da Sie ja nicht das zeichnen müssen, was man gar nicht sieht. Ein Auge besteht also zeichnerisch aus einer mandelähnlichen Form, einem lang gezogenen Bogen, zwei kleinen Halbbögen und einem Kreis.

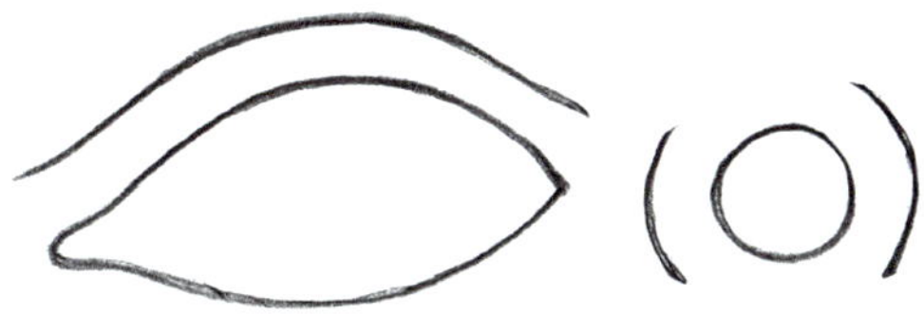

▲ *Vereinfachte Darstellung von Augenform und Iris*

UNTERSCHIEDLICHE AUGEN ZEICHNEN

Nun können Sie diese Grundelemente variieren. Sie können – je nach Ausdruck des Auges – mehr oder weniger von Iris und Pupille zeigen oder auch schon gleich die Mandelform der Augen unterschiedlich schmal oder breit zeichnen. Zeichnen Sie dabei immer schon den einen oder anderen Glanzpunkt in der Iris ein, denn das macht die Augen lebendiger. Die Wimpern gestaltet man mit vielen feine Bögen am oberen Rand der „Mandelform" und mit ganz kleinen, gebogenen Strichen etwas unterhalb der „Mandelform".

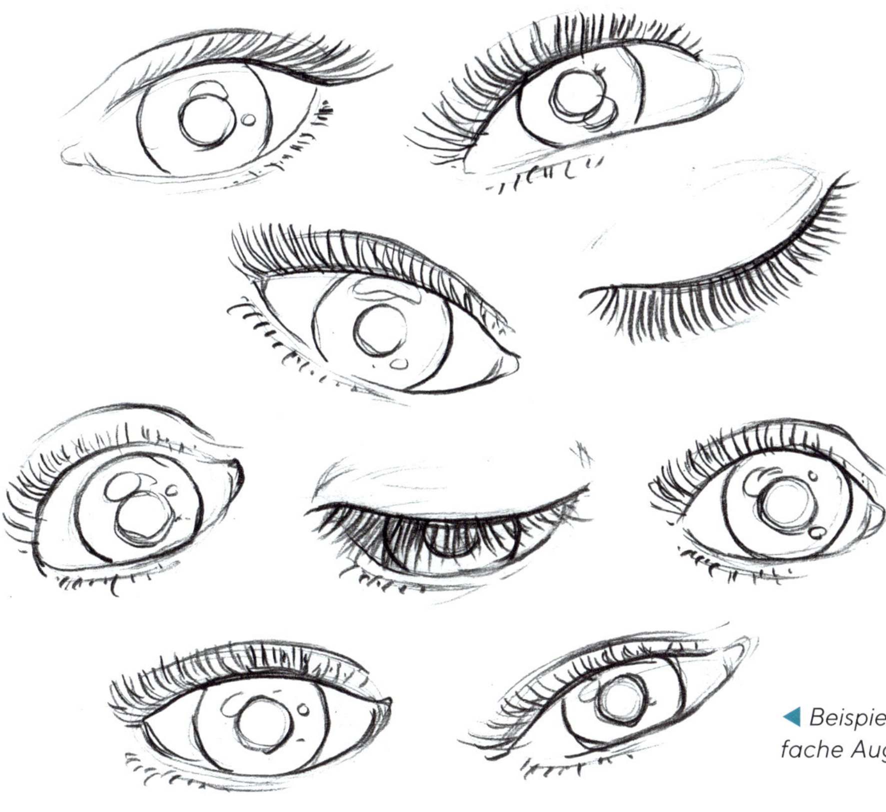

◀ *Beispiele für einfache Augenformen*

AUGENPAARE

Noch einmal eine neue Herausforderung stellt das Zeichnen eines ganzen Augenpaares dar. Achten Sie darauf, dass die Augen gleich groß sind und sich auf derselben Höhe befinden. Feine Hilfslinien helfen dabei sehr! Sehen die Augen nicht nahezu gleich aus, entsteht sofort ein schielender Blick.

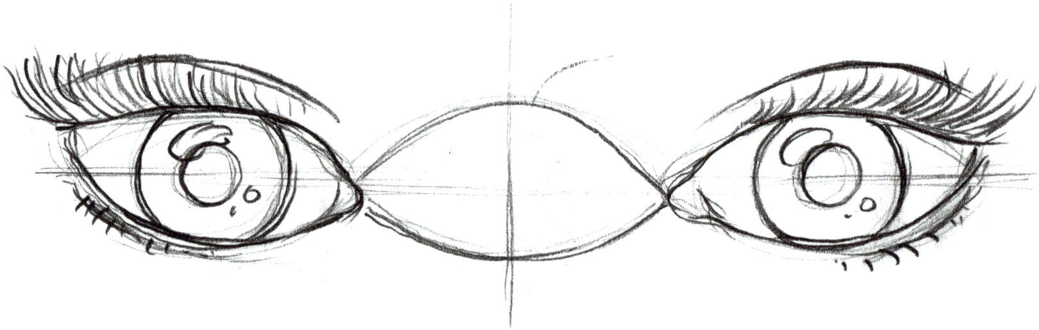

▲ *Der Abstand zwischen den Augen entspricht einem dritten Auge.*

AUGEN DREIDIMENSIONAL

Bei der Darstellung von Augen ist natürlich auch der Kontrast des weißen Augapfels zur farbigen, manchmal dunklen Iris, und zur Pupille wichtig. Hier kommen wieder die Schraffurtechniken zum Einsatz, denn Sie können damit fein in der Helligkeit differenzieren. Die Iris eines blauäugigen Menschen gestaltet man beispielweise eher hell, die eines braunäugigen Menschen eher dunkel. Die Iris lässt sich sehr gut, wie bereits auf Seite 10 beim Grundaufbau eines Augapfels dargestellt, mit strahlenförmig nach außen verlaufenden Schraffuren darstellen. Sparen Sie dabei die Lichtpunkte einfach weiß aus.

LEKTION 2 » **KURZGEFASST**

- Saubere Kreise für Iris und Pupille zeichnen
- Den richtigen Abstand zwischen den Augen beachten
- Die richtige Augenform wählen
- Beide Augen auf die gleiche Höhe setzen
- Glanzpunkte in die Iris setzen, damit sie lebendiger wirken
- Die Glanzpunkte genau gleich positionieren
- Die Wimpern an der richtigen Stelle ansetzen

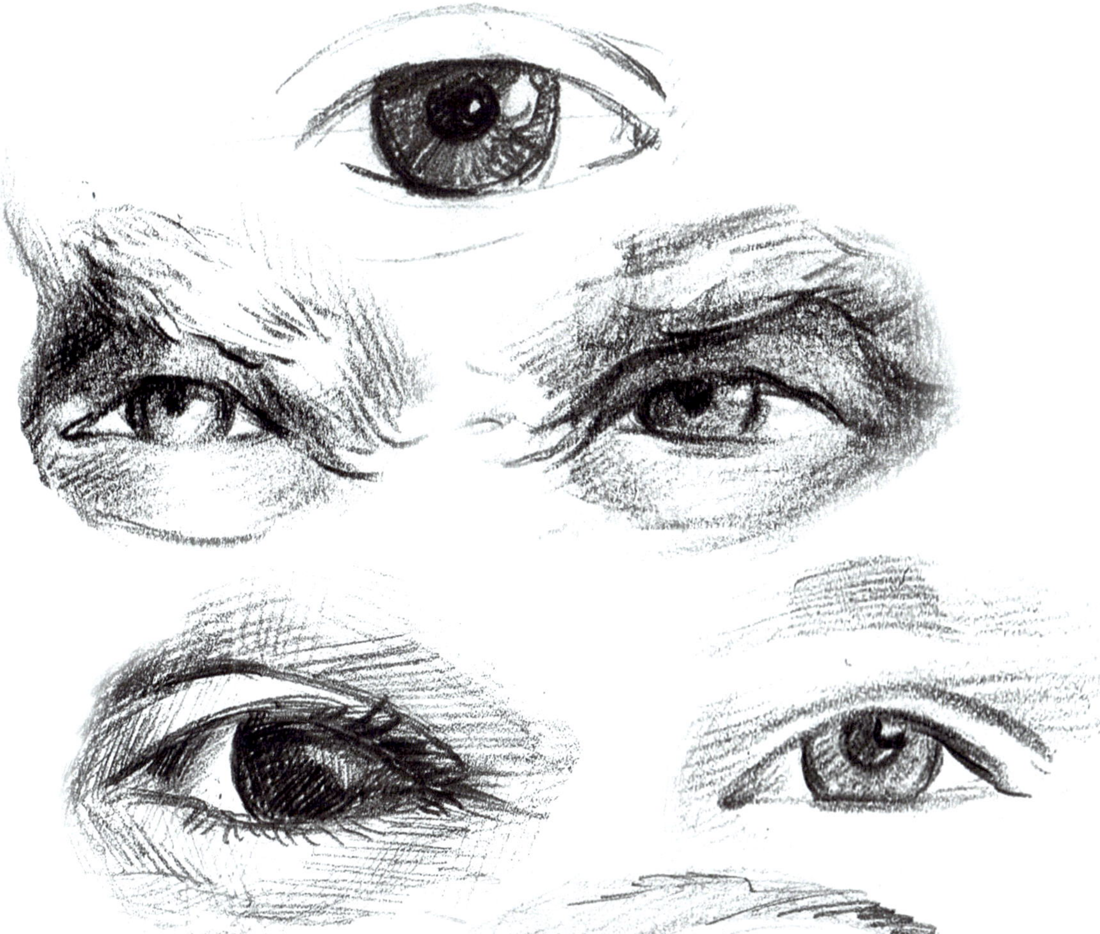

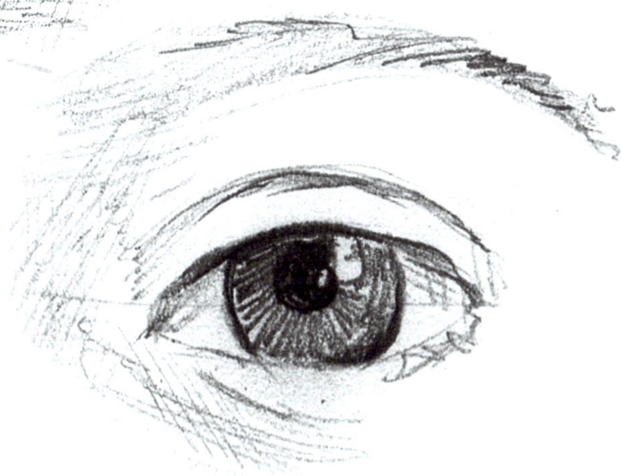

▲ *Hier ist eine Auswahl an ausgearbeiteten Augen mit unterschiedlichen Schraffurtechniken zu sehen. Bitte beachten Sie, wie hier die Schraffuren angewendet wurden und vergleichen Sie auch mit Seite 5 und dem Text in der Buchklappe.*

LEKTION 3 »
DIE NASE

WAS IST EIGENTLICH EINE NASE?

Nase und Augen sind beim Zeichnen eines Gesichts wichtige Elemente. Doch gerade sie bereiten oftmals in der Darstellung große Schwierigkeiten. Betrachtet man das Ganze aber stark vereinfacht, so wird es plötzlich viel einfacher.
Die Nase ist nichts anderes als ein Dreieck mit abgerundeter Spitze, das aus dem Gesicht herausragt. Oft entstehen die Probleme jedoch nicht beim Zeichnen einer Nase im Profil, sondern in der Ansicht von vorne. Die Volumenansicht zeigt, dass die Nasenspitze beim Blick von vorne als kleine Kugel verstanden werden kann, in welche die beiden Nasenflügel ebenfalls wie zwei kleine Kugeln eingefasst sind. Auf diese Weise bleiben nur noch Halbkügelchen sichtbar.

VOLUMENDARSTELLUNG

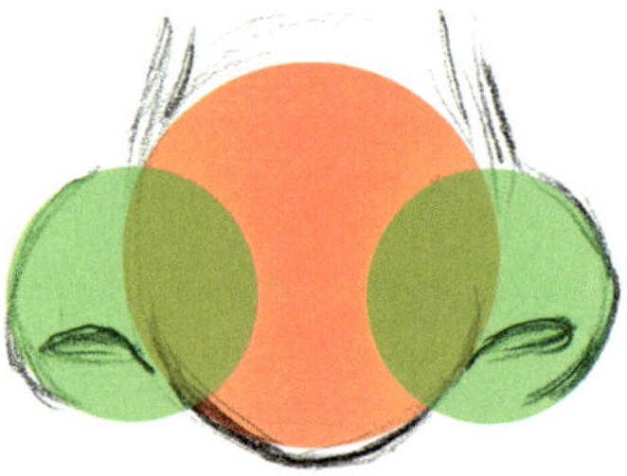

▲ *Das Volumen der Nasenspitze erscheint wie ein kleiner Ball, das der Nasenflügel wie kleine Halbkügelchen.*

DAS ZEICHNERISCHE PROBLEM

Der Übergang der Nase zum Gesicht ist nicht scharfkantig, sondern an den Nasenwänden weich und fließend. Wie stelle ich das also dar, um die Fehler von Seite 6 zu vermeiden?

GRUNDELEMENTE

Sehr stark vereinfacht und je nachdem, ob man sie von vorne oder im Profil zeigen möchte, besteht die Nase aus einem etwas größeren Bogen, zwei kleineren Bögen, zwei schmalen „Tropfen" und einem größeren Haken. Interessanterweise erkennt man trotz der noch willkürlichen Anordnung schon, dass aus diesen Elementen eine Nase werden könnte.

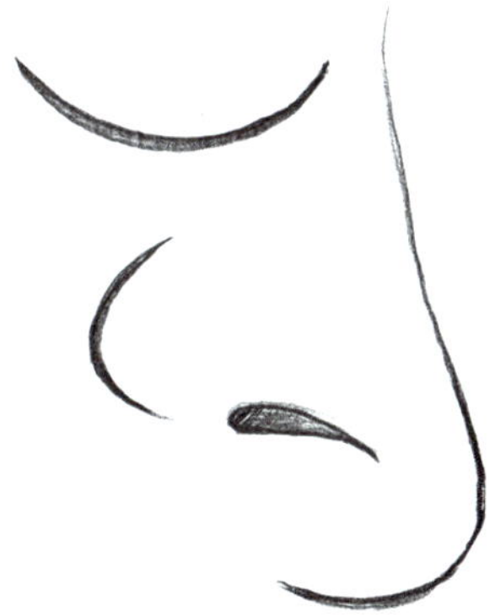

▶ *Aus diesen vier einfachen, grafischen Elementen lassen sich Nasen aus unterschiedlichen Blickwinkeln zusammensetzen.*

NASEN EINFACH ZEICHNEN

In dieser Abbildung sieht man, sowohl in der Ansicht von vorne als auch von der Seite, wie die Elemente einander zugeordnet wurden. Dabei können Sie, speziell in der Ansicht von vorne, die Nasenflügel etwas heller zeichnen, dann wirkt es gleich noch dreidimensionaler. Die Nasenwände werden nur durch ein bis zwei feine Linien angedeutet.
Die Ansicht im Profil ist noch einfacher, da man einfach den großen Haken, einen kleinen Bogen und eine der beiden „Tropfen" zusammenfügt.
In der Abbildung ganz unten ist zu sehen, wie mit ganz wenigen Strichen, oberhalb der Nasenflügel, der Nasenrücken angedeutet wird. Diesen arbeitet man, wie auf den Folgeseiten dargestellt, in der Frontansicht mit Schraffuren heraus (siehe auch Seite 5).

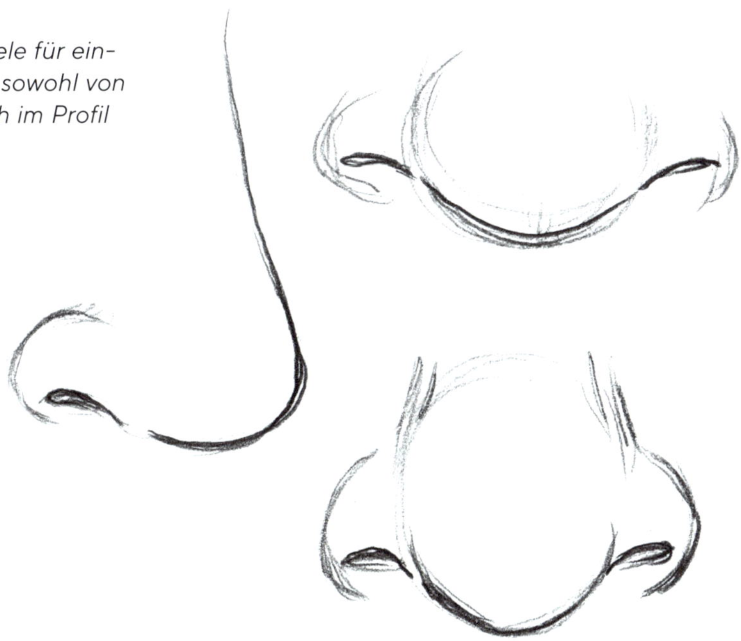

▶ *Drei Beispiele für einfache Nasen, sowohl von vorne als auch im Profil*

NASEN DREIDIMENSIONAL

Wer schon etwas geübter ist, kann die auf Seite 5 und in der Innenklappe beschriebenen Schraffurtechniken nun auf die Nase anwenden. Die Nasenwände werden dabei durch feine Schraffuren vom Papier abgehoben. Sie können auch schon individuellere Formen testen, wie hier die etwas knubbeligere Nase mit dem Bartansatz oder die Kindernase. Bei der Kindernase ist zu beachten, dass durch die leichte Sicht von unten aus den „Tropfen" der Nasenlöcher hier langsam Kreise werden.

▶ *Vier Beispiele von individuellen Nasenformen, bei denen einige Schraffuren eingearbeitet wurden*

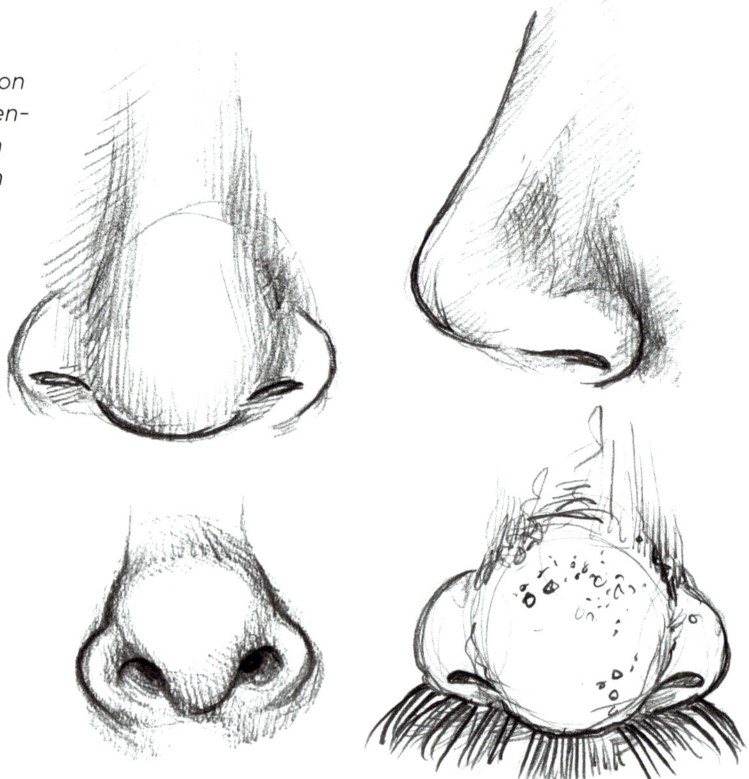

LEKTION 3 » **KURZGEFASST**

- » Die Zeichnung ausgehend von der „Kugel" der Nasenspitze entwickeln
- » Nasenlöcher nur als kleine Sicheln darstellen
- » Den Nasenrücken nicht mit einer Kontur zeichnen, sondern schraffieren
- » Die Bögen der Nasenflügel gleich groß und sauber zeichnen
- » Die individuelle Form einer Nase beachten

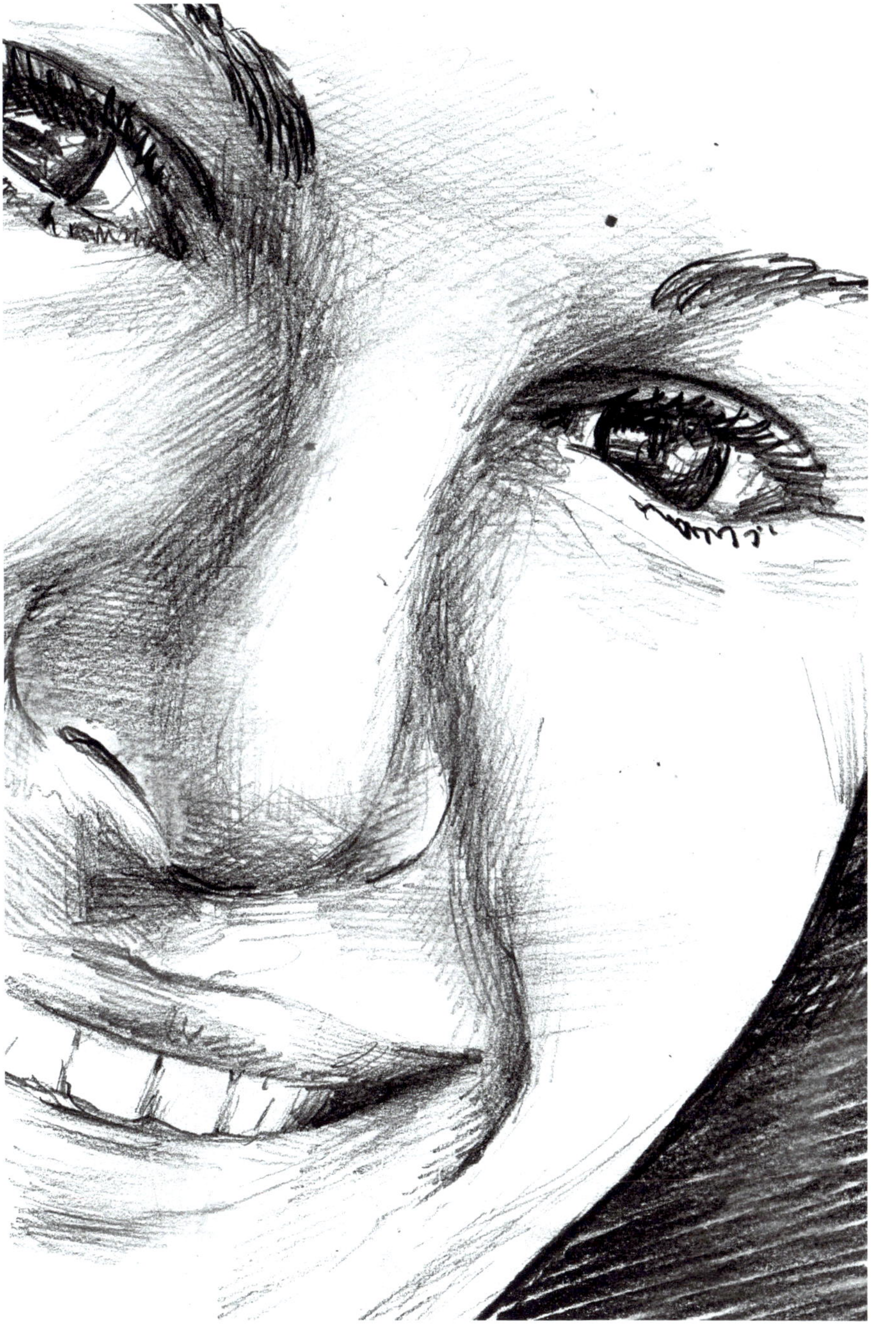

▲ *Schon das Thema „Nase" gibt so viel Stoff her, dass sich daraus schöne Bilder entwickeln lassen.*

LEKTION 4 »
DER MUND

WAS IST EIGENTLICH EIN MUND?

Der Mund ist sozusagen „die Eingangspforte“ ins Innere des Körpers – eine Öffnung, durch die wir essen, trinken, atmen, sprechen und singen können und über die wir nicht zuletzt auch unsere Zuneigung in Form von Küssen ausdrücken können. Der Mund ist also ein sehr wichtiges Körperteil, um Gefühle darzustellen. Dabei ist es im Grunde nur der gewölbte Abschluss von Haut- und Muskelgruppen. In der Volumendarstellung wird das deutlich. Während die Oberlippe meistens eher die Form eines ganz flachen Trapezes hat, ist die Unterlippe ein flacher Bogen. Natürlich gibt es aber bei jedem Menschen auch anatomische Besonderheiten.

VOLUMENDARSTELLUNG

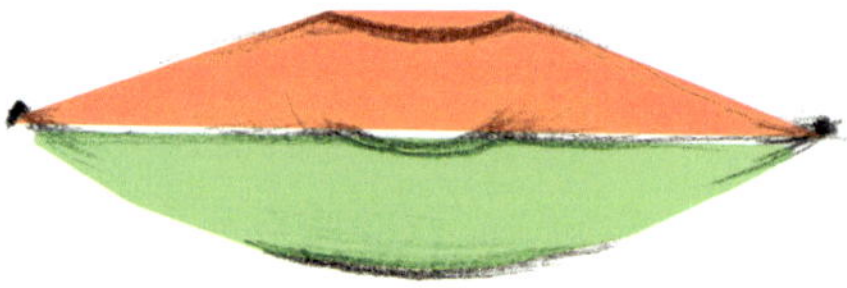

▲ *Der Mund mit flachem Kreissegment für die Unterlippe und langgezogenem Trapez für die Oberlippe.*

DAS ZEICHNERISCHE PROBLEM

Wie schon auf Seite 6/7 beschrieben, liegt ein häufiger Fehler darin, dass die Kontur des Mundes oft viel zu stark gezeichnet wird, was dann maskenhaft wirkt. Auch ein geöffneter Mund mit Sicht auf die Zähne bereitet häufig große Probleme. Die folgende Abbildung hilft hier zum besseren Verständnis: Schon beim normalen Schwarz-Weiß-Foto erkennt man kaum eine Abgrenzung des Mundes zum Gesicht. In der kontrastreichen Darstellung wird dies noch deutlicher. Die „Kontur“ um den Mund verschwindet ganz und auch die Linien zwischen den Zähnen fallen nahezu weg. Sie werden zu einer weißen Fläche.

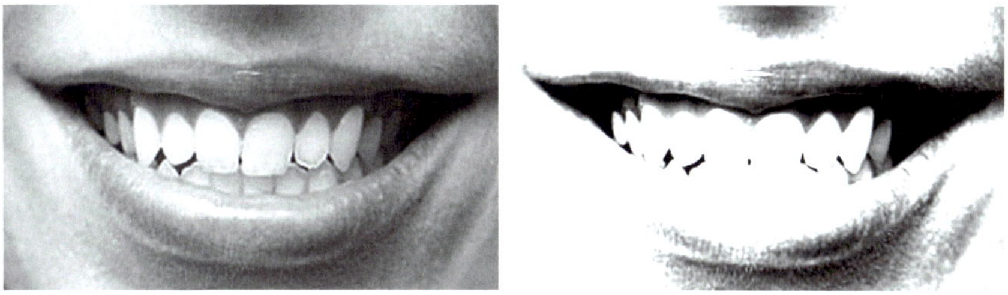

▲ *In der Kontrastdarstellung ist sehr gut zu erkennen, wie die Lippen optisch im Übergang zur Gesichtshaut fast verschwinden.*

GRUNDELEMENTE

Der Anfang beim Zeichnen eines Mundes ist ganz einfach. Es genügen drei horizontale Hilfslinien, wobei die lange Linie in der Mitte zur Mundöffnung wird, um die Position der Lippen zu definieren. Die Hilfslinien sollten Sie natürlich etwas schwächer anlegen als hier dargestellt.

◀ *Drei Linien reichen für den Grundaufbau eines Mundes.*

Versehen Sie nun die obere Hilfslinie mit einem kleinen Bogen nach unten und die untere Hilfslinie mit einem etwas breiteren Bogen. Bei der Mundöffnung deutet man in der Mitte der Oberlippe ebenfalls durch einen leichten Bogen die kleine Wölbung der Oberlippe nach unten an. Zeichnen Sie noch zwei dunklere Stellen in den Mundwinkeln – schon ist der Mund fertig! Wichtig ist, dass Sie die Konturlinien des Mundes nicht durchziehen, sondern immer wieder unterbrechen.

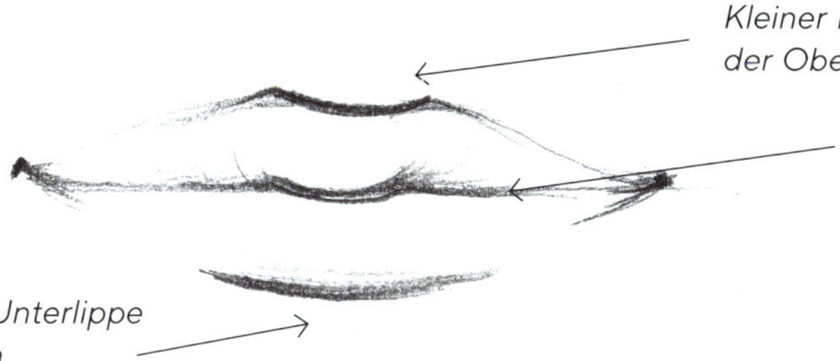

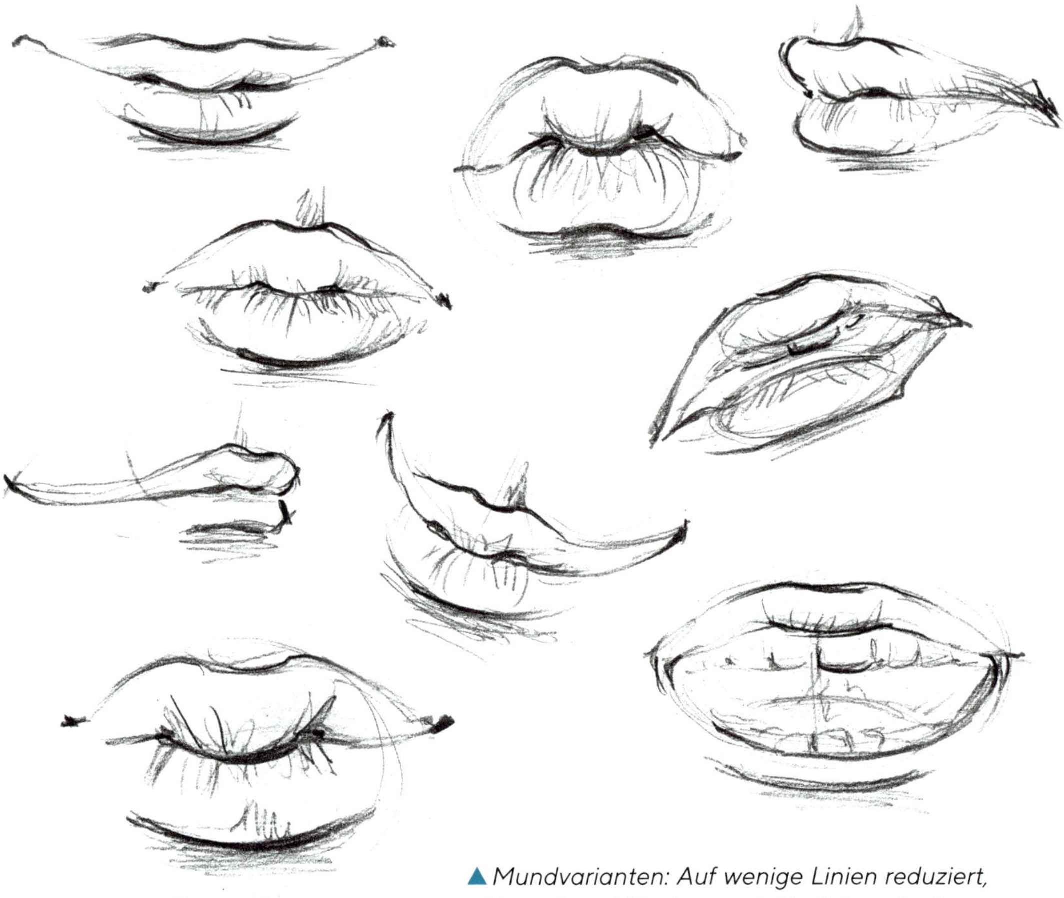

▲ *Mundvarianten: Auf wenige Linien reduziert, wirken diese Münder comicähnlicher als die schraffierten Varianten auf der gegenüberliegenden Seite.*

MÜNDER EINFACH ZEICHNEN

Nun können Sie anfangen, mit diesen Elementen zu spielen und versuchen, verschiedene Gefühle über den Mund auszudrücken. Wenn die Mundwinkel nach oben gezogen sind, wirkt es fröhlich und positiv, hängen die Mundwinkel nach unten, wirkt es angespannt und böse. Variieren Sie auch die Größenverhältnisse der Ober- zur Unterlippe, denn manche Münder sind schmal, andere wiederum kräftig. Um die feinen Falten in den Lippen darzustellen, können Sie die in der Innenklappe beschriebenen Formlinien anwenden. Auch macht ein kleiner, schraffierter Schatten unterhalb der Unterlippe das Ganze noch plastischer. Die Linien zwischen den Zähnen sollten nur teilweise sichtbar und durchgezogen sein.

MUNDFORMEN DREIDIMENSIONAL

Wer sich jetzt schon etwas sicherer fühlt, kann anfangen, die Münder fein auszuarbeiten. Mit wenigen Schraffuren lassen sich die Lippen schon plastisch und natürlich darstellen. WICHTIG: Die Lippen sollten nie ganz schraffiert werden, sondern es sollten wie bei der Kontur immer wieder weiße Stellen offen bleiben. Weniger ist hier oft mehr. In dieser Abbildung können Sie auch nochmals gut sehen, wie die Zwischenräume der Zähne nur ganz hell oder gar nicht gezeichnet wurden.

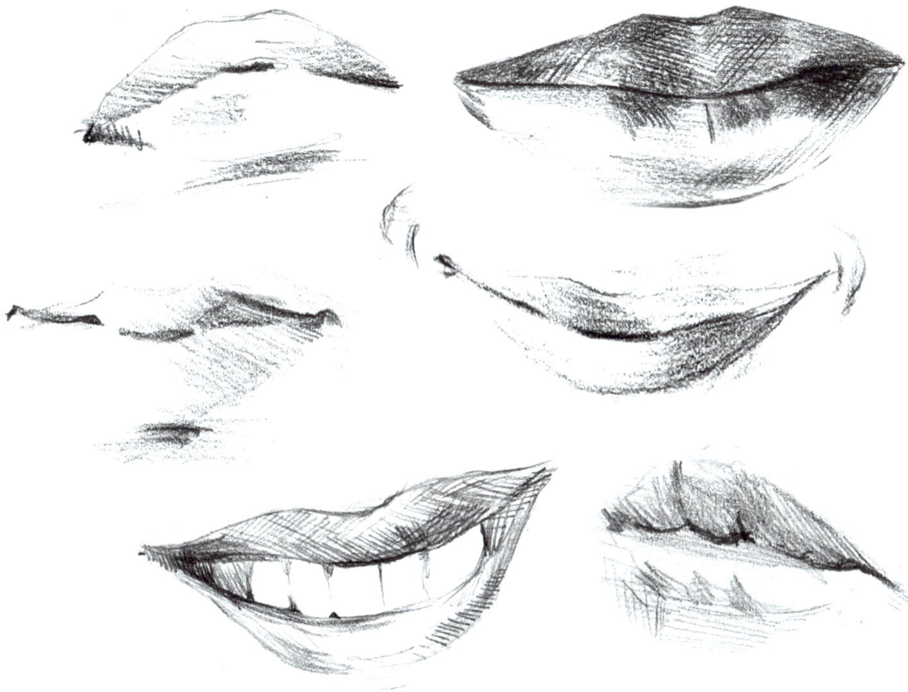

▲ *Individuelle, ausgearbeitete Mundformen*

LEKTION 4 » **KURZGEFASST**

- » Mit drei einfachen Linien Oberlippe, Mundöffnung und Unterlippe andeuten
- » Den drei Linien eine individuelle Form geben
- » Keine Konturlinie um den ganzen Mund zeichnen!
- » Mundwinkel andeuten
- » Mit feinen Schraffuren die Form des Mundes ausarbeiten

LEKTION 5 »
DIE OHREN

WAS IST EIGENTLICH EIN OHR?

Wie die Nase steht auch die Ohrmuschel vom Kopf ab, allerdings nur ein wenig. Es wirkt eher, als sei sie an den Kopf angeheftet. Sieht man die Nasenlöcher noch relativ gut, so liegt der Gehörgang in einem Gebilde aus Haut und Knorpel versteckt. Stark vereinfacht könnte man Ohren als kleine, unebene Schalen betrachten, jedoch ist ihre Form im Detail schwer zu erfassen. Die Volumendarstellung zeigt sowohl die Ohrmuschel mit dem Ohrläppchen als auch die kleine, wie ein abgerundetes Dreieck anmutende Form, hinter der sich der Gehörgang befindet.

VOLUMENDARSTELLUNG

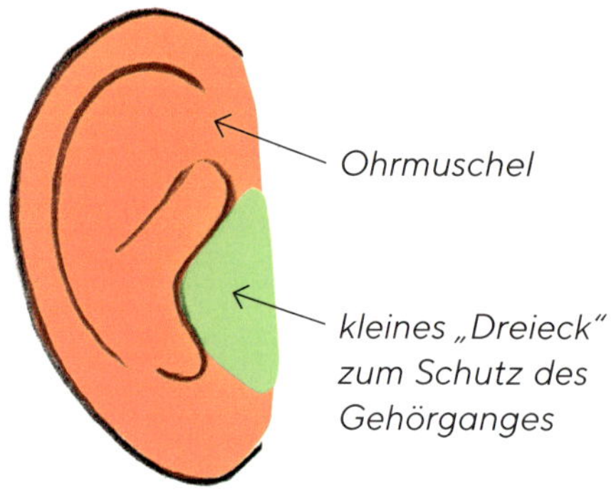

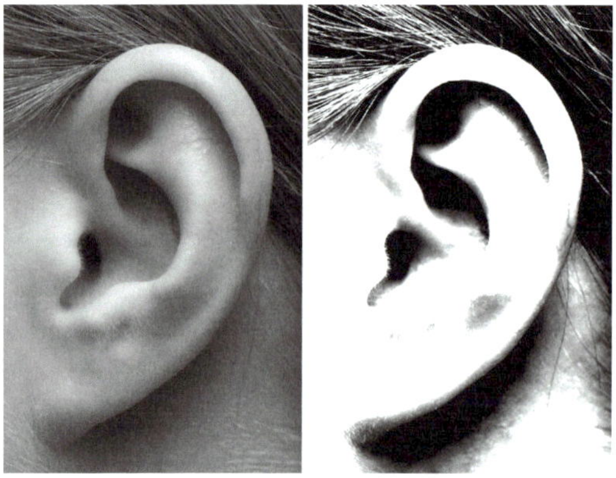

▲ *Die Kontrastdarstellung zeigt, welche Teile des Ohres auf einer Ebene liegen.*

DAS ZEICHNERISCHE PROBLEM

Die Außenkontur eines Ohres ist sehr einfach darzustellen, denn es ist nur ein langgezogener, mal rundlicher, mal flacherer Bogen. Schwierig ist es jedoch, die Unebenheiten in der Ohrmuschel zu zeichnen. Andererseits kann man sich oftmals vor einer schwierigen Darstellung drücken, da entweder Haare das Ohr verdecken oder bei einer Frontansicht des Gesichts nur eine flache Sichel sichtbar ist.

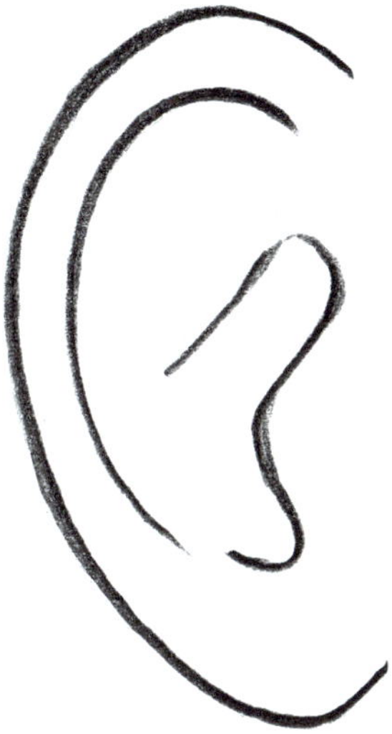

▲ *vereinfachtes Ohr bei der Seitenansicht des Kopfes*

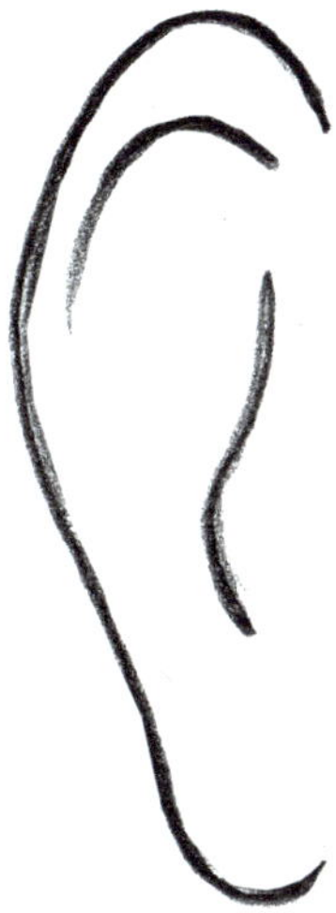

▲ *vereinfachtes Ohr bei der Frontansicht des Kopfes*

GRUNDELEMENTE

Bei einer Ansicht von der Seite stellt sich die Kontur des Ohres als offenes, manchmal etwas eingedrücktes Oval dar. Ein Bogen nach oben und zur Seite hin sowie eine Linie, die etwas einem Angelhaken gleicht, reichen, um das Ohrinnere schematisch darzustellen. Bei einer Ansicht von vorne verhält es sich ähnlich, nur wird alles etwas flacher und der „Angelhaken" ist nur noch eine kleine, geschwungene Linie.

OHREN EINFACH ZEICHNEN

Haben Sie diese relativ einfache Darstellung verstanden, so genügen schon wenige Schraffuren, um das Ohr sofort etwas plastischer und organischer aussehen zu lassen.

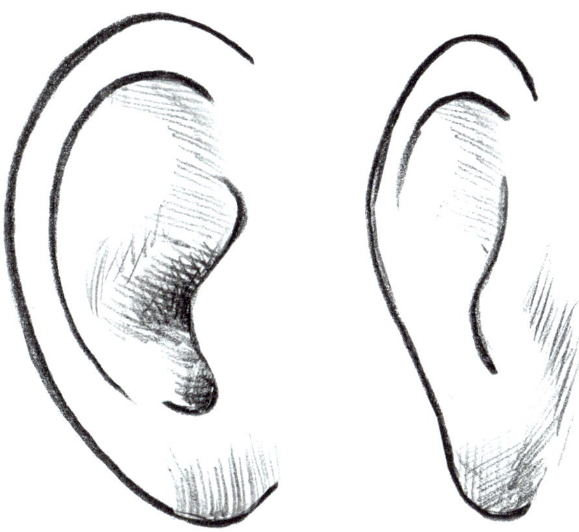

▲ *Ohrendarstellung mit ersten einfachen Schraffuren*

OHREN DREIDIMENSIONAL

Wer etwas geübter ist, kann die Arbeit nun an diesem Punkt weiter fortführen, mit feinen Schraffuren das Innere des Ohres noch zusätzlich ausgestalten, oder auch schon den Haar- und Kopfansatz darstellen. Wie man die zu schraffierenden Schattenbereich am besten erkennt, ist in der hinteren Innenklappe ausführlicher dargestellt.

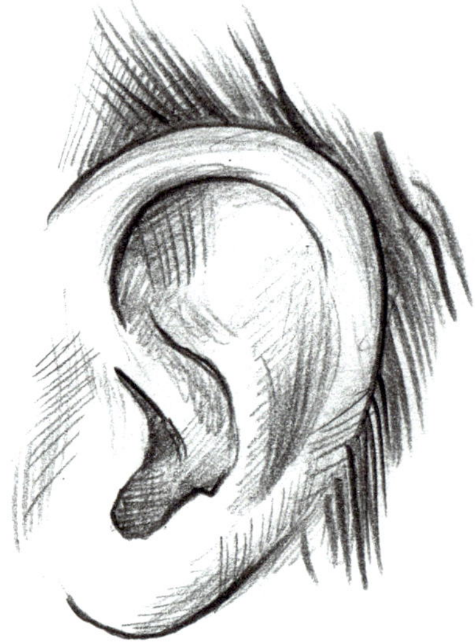

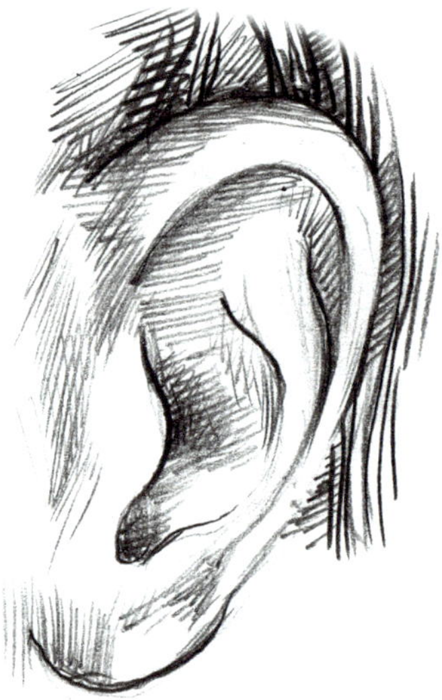

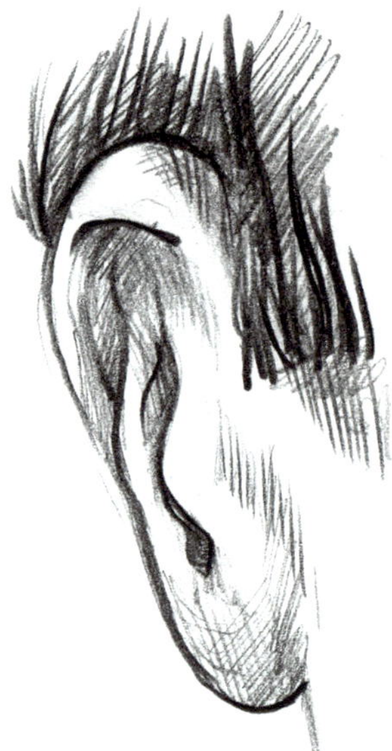

▶ *Schraffierte Ohren aus verschiedenen Perspektiven*

LEKTION 5 » **KURZGEFASST**

- » Die Außenkontur des Ohres sauber darstellen
- » Die Innenformen des Ohres mit wenigen Linien andeuten
- » Die vertieften Stellen mit Schraffuren abdunkeln
- » Die Anbindung zu den Haaren zeichnerisch anlegen (mehr zum Thema Haare in der dazugehörigen Lektion 6)

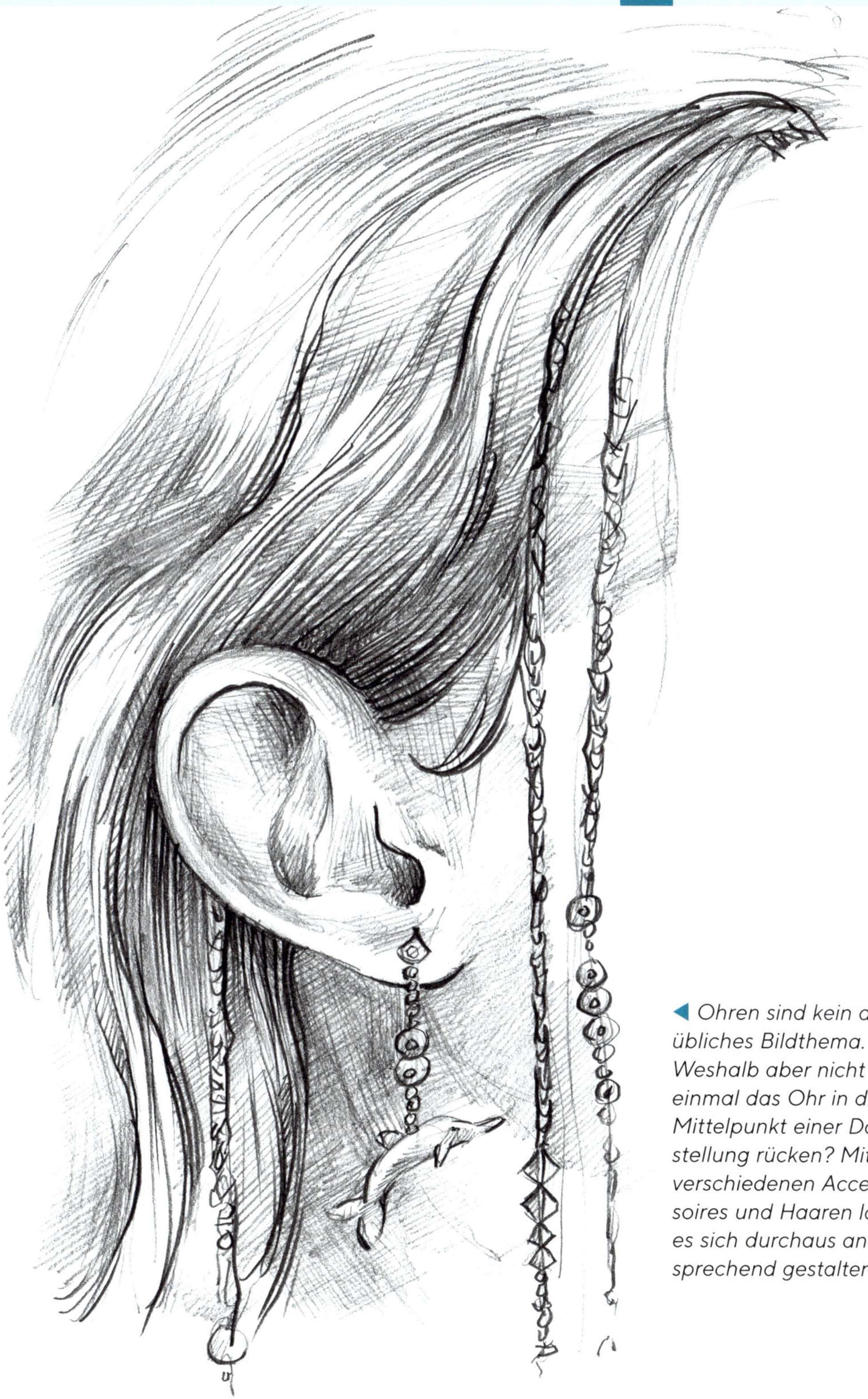

◀ *Ohren sind kein allzu übliches Bildthema. Weshalb aber nicht einmal das Ohr in den Mittelpunkt einer Darstellung rücken? Mit verschiedenen Accessoires und Haaren lässt es sich durchaus ansprechend gestalten.*

LEKTION 6 »
DIE HAARE

WAS SIND EIGENTLICH HAARE?

Haare sind ganz feine Hornfasern, die in unterschiedlichen Färbungen und Formen und in großen Mengen der Haut entsprießen. Zeichnerisch betrachtet sind es einfach Linien – mal kurz, mal lang, mal glatt, mal gewölbt. Eine Volumendarstellung macht für das einzelne Haar keinen Sinn, man kann aber Haargruppen als Volumen betrachten.
Haare kommen am Körper fast überall vor. Nur ganz wenige Stellen wie Handflächen, Fußsohlen oder Lippen sind komplett haarlos. Speziell Frisuren, Bärten und Augenbrauen kommen bei der grafischen Darstellung von Gesichtern eine große Bedeutung zu.

DAS ZEICHNERISCHE PROBLEM

Die Schwierigkeit beim Zeichnen von Haaren ist ganz einfach zu beschreiben: Es ist unmöglich, sämtliche Haare einer Frisur oder eines Bartes zu zeichnen. Man muss also vereinfachen und abstrahieren, um eine stimmige Darstellung zu finden.

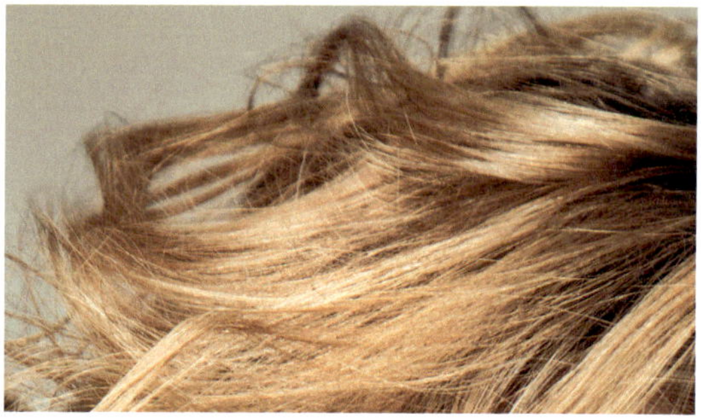

GRUNDFORMEN

Zunächst einmal ist es wichtig, sich vor Augen zu führen, was für Haarformen es gibt. Zur Verdeutlichung hilft eine einfache grafische Darstellung. Es gibt kurze Stoppeln oder Borsten wie etwa beim Barthaar und etwas längere, manchmal feinere Haare wie bei den Augenbrauen. Die Kopfbehaarung weist die größte Variationsbreite auf: Sie reicht von kurz und glatt über kraus und lockig bis lang.

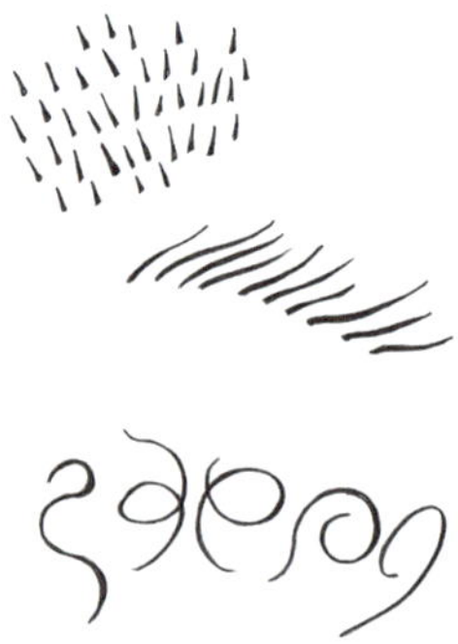

▲ *Grundstrukturen kurzer Haare*

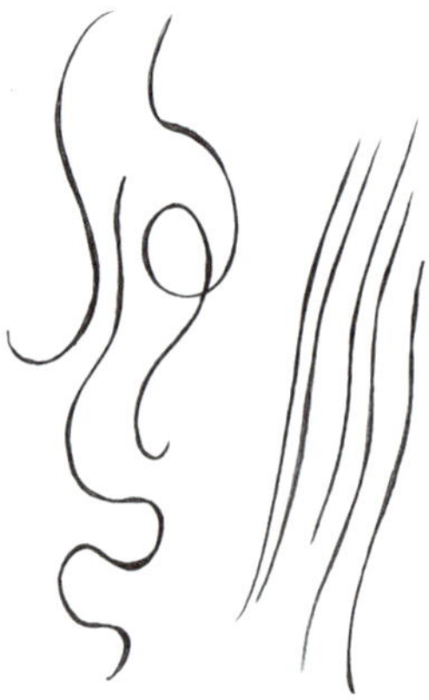

▲ *Grundstrukturen langer Haare*

HAARE EINFACH ZEICHNEN

Verdichtet man nun diese Haarformen etwas und gestaltet die Linien abwechselnd heller und dunkler, so entstehen bereits Haargruppen unterschiedlichster Art.

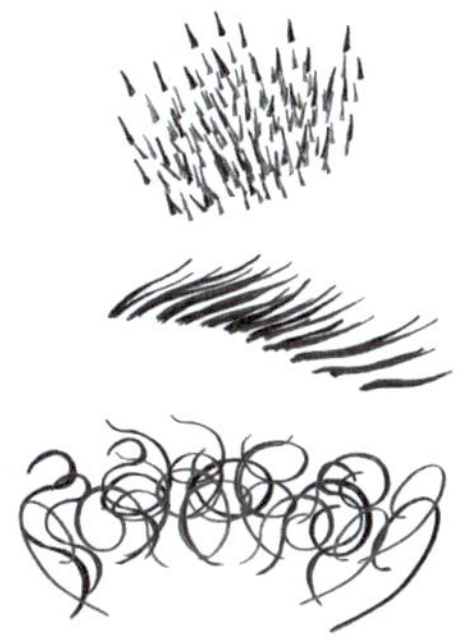

▲ *Kurze Haare, verdichtet*

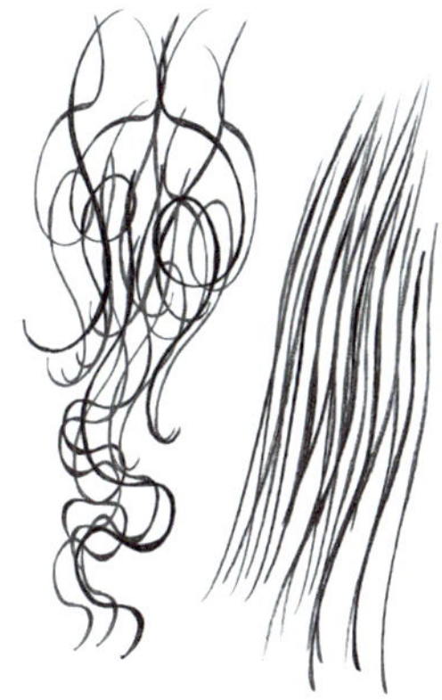

▲ *Lange Haare, verdichtet*

HAARE DREIDIMENSIONAL

Nun können Sie anfangen, individuell zu gestalten. Dabei kommt beim Zeichnen von Haaren ein wichtiger Aspekt dazu: Haare wirken nur lebendig, wenn sie glänzen! Das bedeutet, dass man Haare nicht immer Strich an Strich aneinanderreiht, sondern ganz bewusst größere Bereiche weiß ausspart. Die hellen Bereiche vermitteln den Eindruck glänzender Partien. Ergänzen kann man die Formlinien der Haare – denn genau das sind sie, wie in der vorderen Umschlagklappe beim Thema Schraffurtechniken nachzulesen ist – zum Beispiel mit Parallelschraffuren, um den Hell-Dunkel-Kontrast zu verstärken.

▶ *Beispiele für unterschiedliche Haarformen unter Anwendung von Schraffurtechniken*

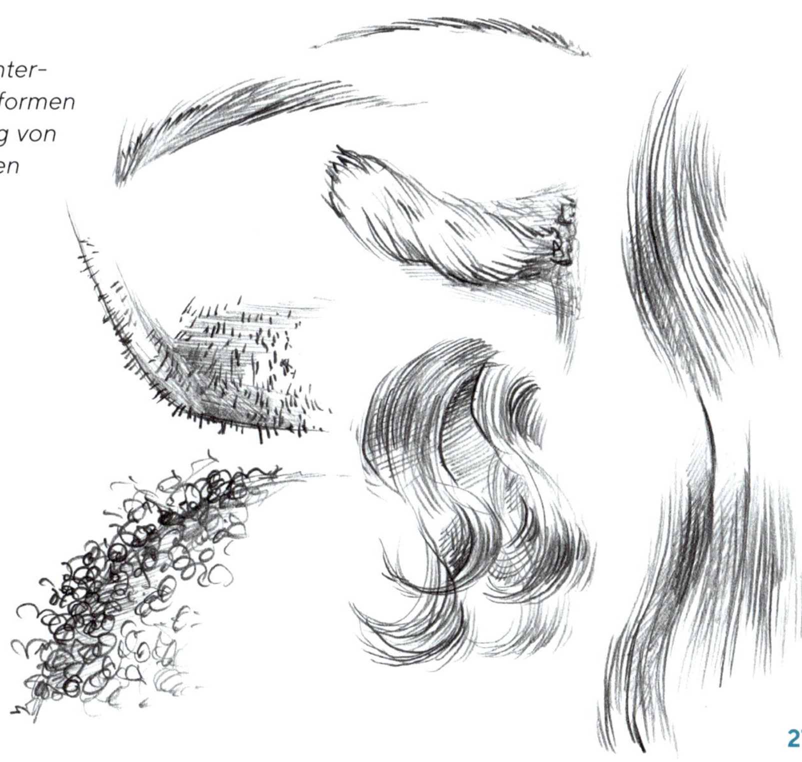

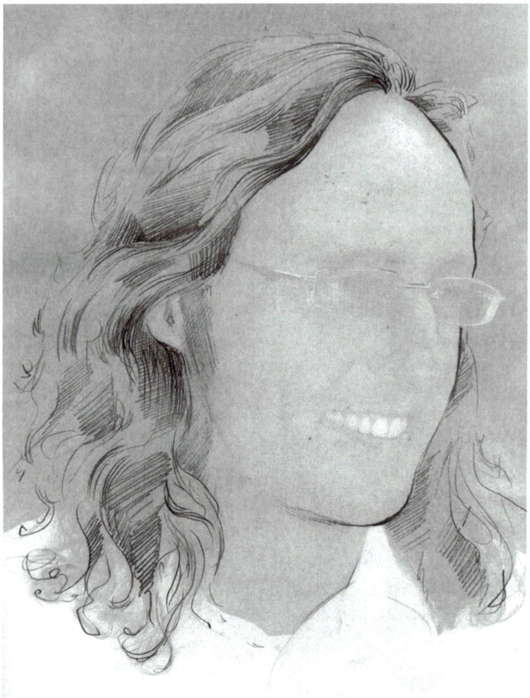

▲ *Auf dem hellen Foto lassen sich die Haarformen mit dem Bleistift sehr einfach nachvollziehen.*

EIN ÜBUNGSBILD ENTSTEHT

Bei der folgenden Darstellung kam ein Trick zum Einsatz, der sehr hilfreich ist und auf Seite 42 noch näher beschrieben wird. Die Haare wurden dabei über ein Foto gezeichnet, das zuvor ganz hell ausgedruckt wurde. Das hat den großen Vorteil, dass man sofort sieht, wie die Haare fallen und wo die Licht- und Schattenbereiche sind. Ob die Zeichnung noch weitergeführt und ergänzt wird, bleibt jedem selbst überlassen. Das helle Gesicht mit den gezeichneten Haaren hat aber auch so schon seinen künstlerischen Reiz.

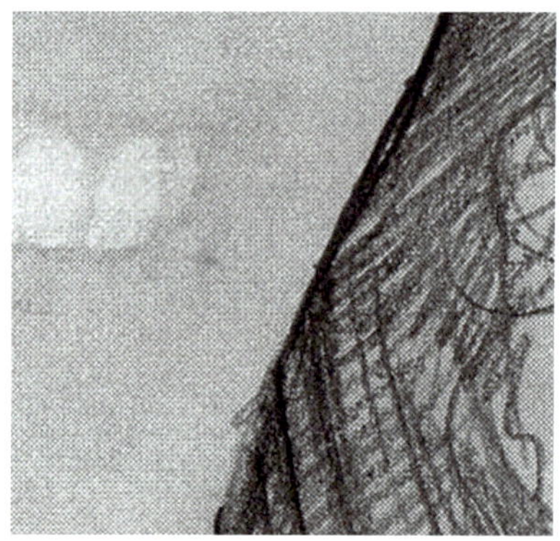

▲ *Hier sieht man gut den überzeichneten Bereich im Kontrast zu dem hellen Foto.*

LEKTION 6 » KURZGEFASST

» Die Form des Haares bestimmen (kurz, lang, glatt, lockig)

» Das dazu passende grafische Mittel wählen (siehe Seite 26/27)

» Nicht jedes einzelne Haar zeichnen, sondern immer Haargruppen

» Die Haargruppen mittels Schraffuren verbinden

» Einige Bereiche weiß aussparen, um Haarglanz darzustellen

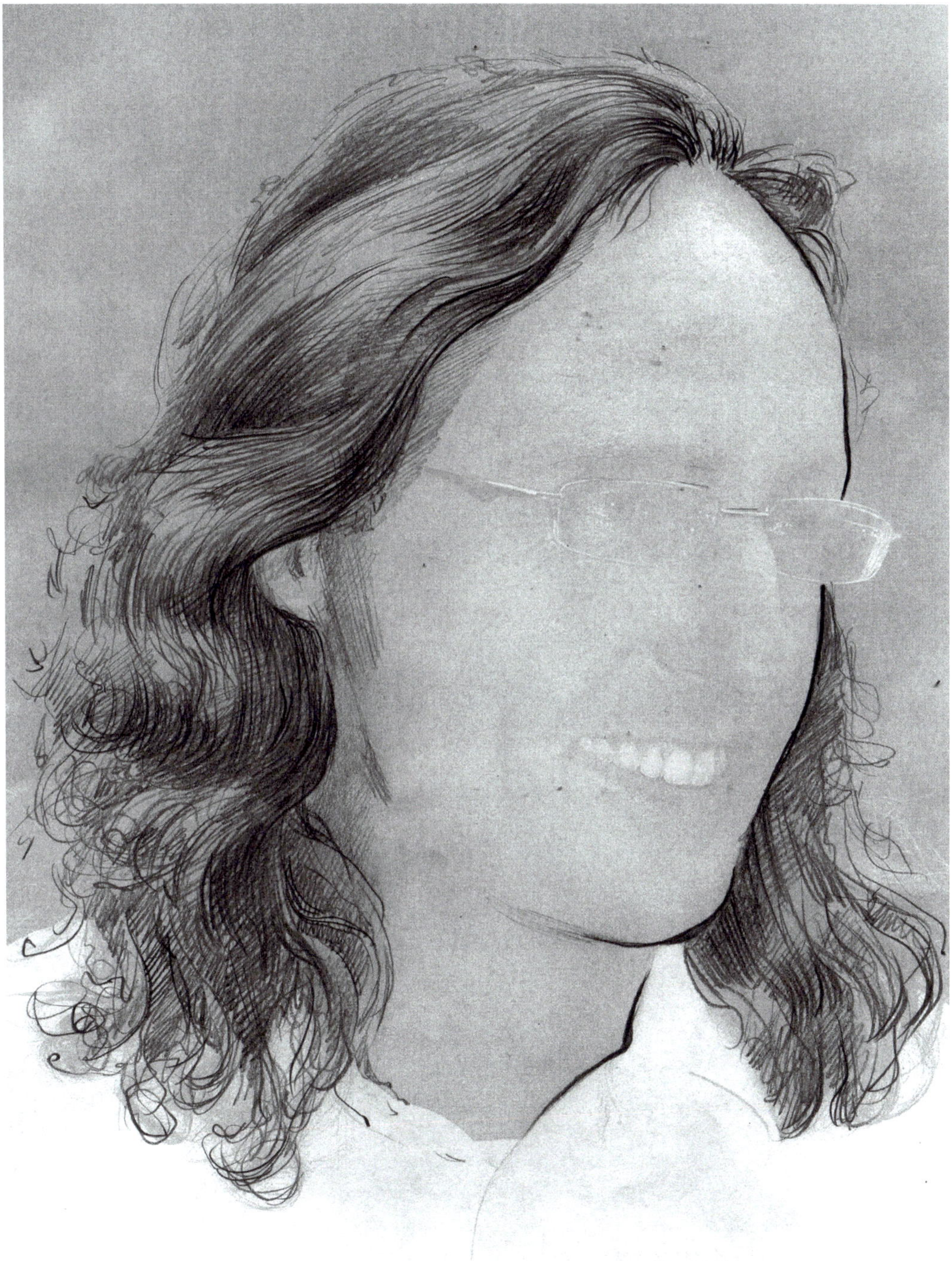

▲ *Entscheiden Sie selbst, wie weit Sie eine solche Zeichnung zu Ende führen möchten.*

LEKTION 7 »

DIE KOPFFORM

WAS IST EIGENTLICH EIN KOPF?

Der Kopf ist eine etwas unförmige Kugel, welche mit einer Röhre (dem Hals) verbunden auf dem Rumpf sitzt. Durch das Gehirn und die damit verbundenen Organe ist der Kopf die Schaltzentrale eines jeden Menschen. Die in den vorhergehenden Kapiteln beschriebenen Elemente fügen sich hier organisch zusammen.

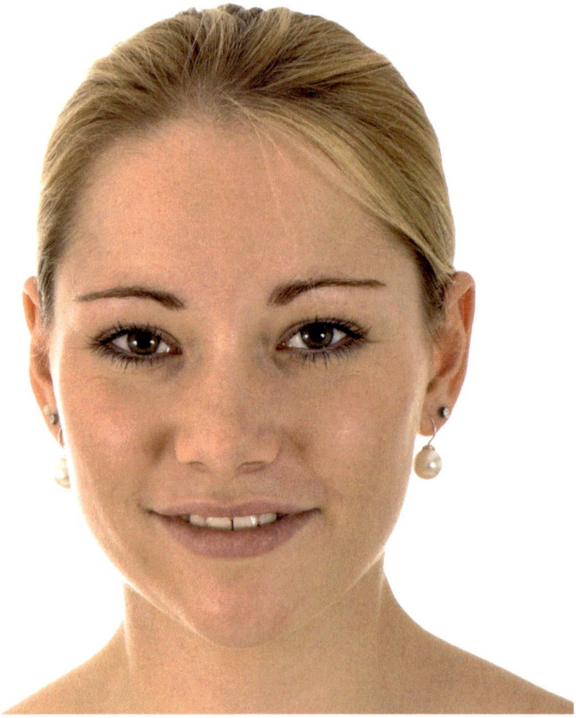

DAS ZEICHNERISCHE PROBLEM

Es gibt beim Zeichnen eines ganzen Kopfes mit Gesicht zwei Aufgabenstellungen: Zum einen muss man lernen, die Kopfform richtig wiederzugeben, zum anderen besteht die Hauptaufgabe darin, die einzelnen Kopfelemente stimmig einzufügen. Dazu sind wiederum zwei Dinge wichtig, die auf den ersten Blick ganz banal erscheinen: das Zeichnen von geraden Linien und von Ovalen und Kreisen. Trotzdem hakt es oftmals hier schon, daher sollten Sie diese so einfach anmutende Sache ausgiebig üben. Alles, was dann noch kommt, ist nicht mehr so schwer.

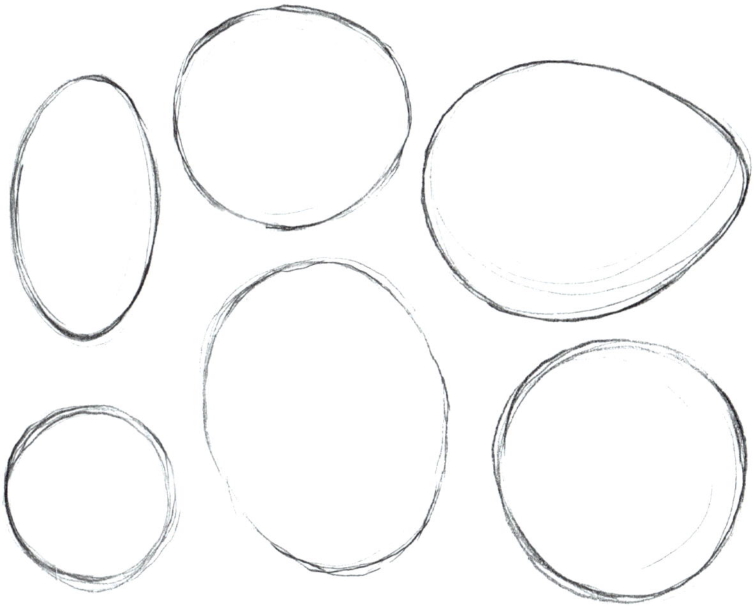

◀ *Der Kreis ist der Ausgangspunkt für sehr viele grafische Darstellungen, deshalb sollte man ihn gut üben. Hier das Beispiel eines Übungsblatts mit Kreisen und Ovalen.*

GUT GETRICKST

Zeichentechnisch gibt es hier einen Trick, der sehr nützlich ist! Fast niemand schafft es, einen wirklich runden Kreis in einem Zug, sozusagen mit einer Linie, zu zeichnen. Besser ist es, die Hand ganz locker zu halten, den Bleistift mehrfach und mit wenig Druck im Kreis zu führen und sich so der endgültigen Form zu nähern. Es ist dabei völlig egal, ob ungenaue helle Linien noch sichtbar bleiben, es sieht sogar oft gerade gut aus, wenn sich die Linien verdichten. Deshalb sollte man sie auch nicht radieren.

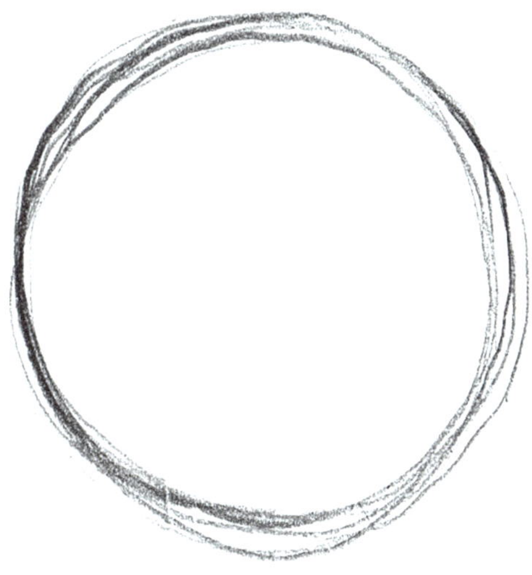

▲ *Hier sieht man sehr gut, wie sich der Zeichner der Kreisform genähert hat.*

◀ *Die Detailansicht zeigt, wie sich die zunächst hellen Linien immer weiter verdichten.*

GRUNDFORM KREIS

Wer sich schwer tut, einen sauberen Kreis oder ein Oval zu zeichnen, der kann seine Übungen auch zuerst auf Karopapier machen. Hier sieht man sofort, wenn etwas nicht stimmt. Sobald man sicherer ist, übt man wieder auf weißem Papier.

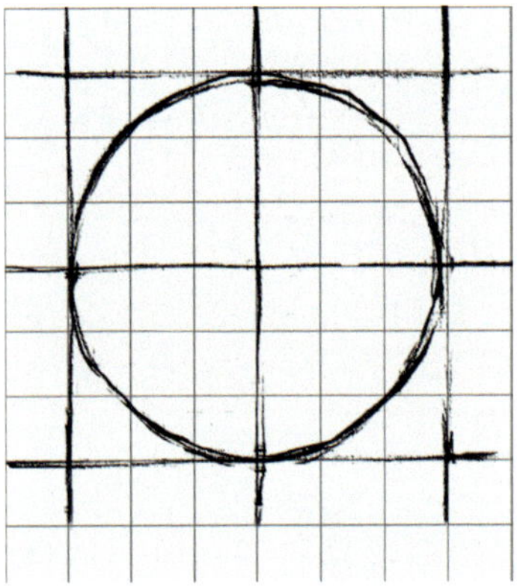

▲ *Kreis auf Karopapier: Hier lassen sich die beiden Mittelachsen, die man später immer braucht, sehr einfach einzeichnen.*

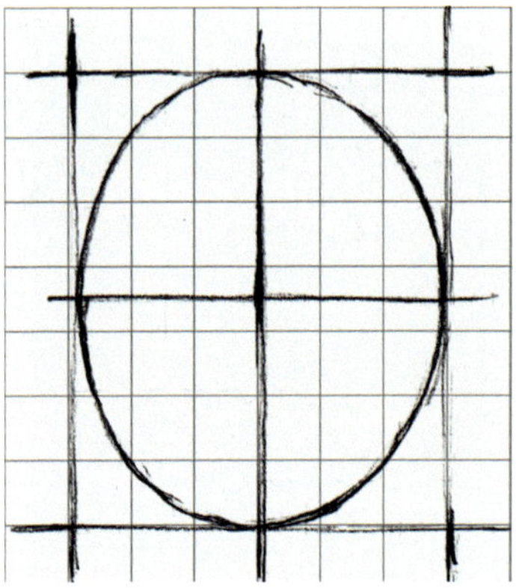

▲ *Oval auf Karopapier: Die Ovalform entspricht schon ziemlich genau der späteren Kopfform eines Erwachsenen.*

DAS MAGISCHE KREUZ

Einer der wichtigsten Aspekte beim Zeichnen von Gesichtern ist die Aufteilung der Grundform mittels eines Kreuzes, welches das Oval des Kopfes sowohl vertikal als auch horizontal in möglichst gleiche Hälften teilt. Halbieren Sie die untere Hälfte des Ovals anschießend noch einmal horizontal mit einer weiteren Hilfslinie.

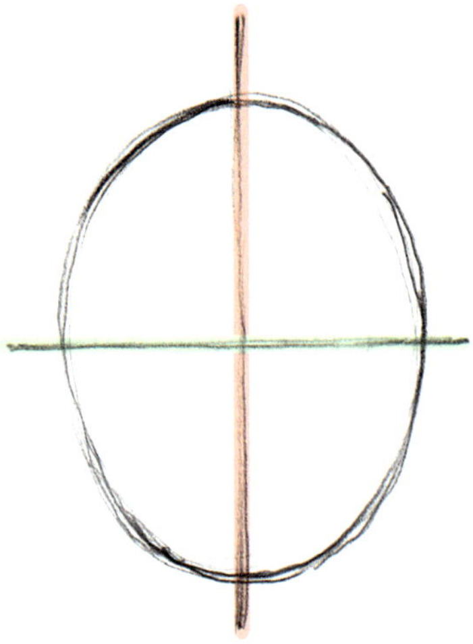

▲ *Zwei Hilfslinien teilen die ovale Form in vier gleich große Bereiche.*

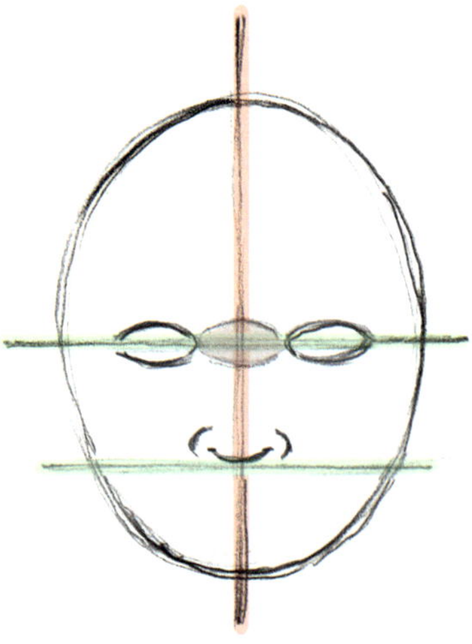

▲ *Über die Hilfslinien lassen sich nun die Augen gut platzieren. Die Nase liegt auf einer weiteren Hilfslinie, welche die untere Hälfte des Ovals noch einmal horizontal mittig teilt.*

DIE RICHTIGE POSITION

Diese Hilfslinien, die auch geübte Zeichner – zart angedeutet – noch verwenden, sind der Schlüssel zu einem stimmigen Gesicht. Im Gegensatz zu der fehlerhaften Abbildung auf Seite 5 sehen Sie hier, wie es richtig ist:

- Die Haare bilden ein Gesamtvolumen (je nach Frisur unterschiedlich)
- Die Augen liegen auf der horizontalen Mittelachse
- Der Abstand zwischen den Augen ist ungefähr so groß wie nochmal ein Auge
- Die Augenbrauen wölben sich auf gleicher Höhe über den Augen
- Die Nase endet, von unten aus betrachtet, nach einem Viertel der Gesamthöhe (ohne die Haare)
- Der Mund sitzt ungefähr mittig im unteren Segment
- Die Ohren stehen seitlich am Kopf, ungefähr auf der Position der Nase
- Der Hals ist annähernd so breit wie der Kopfansatz

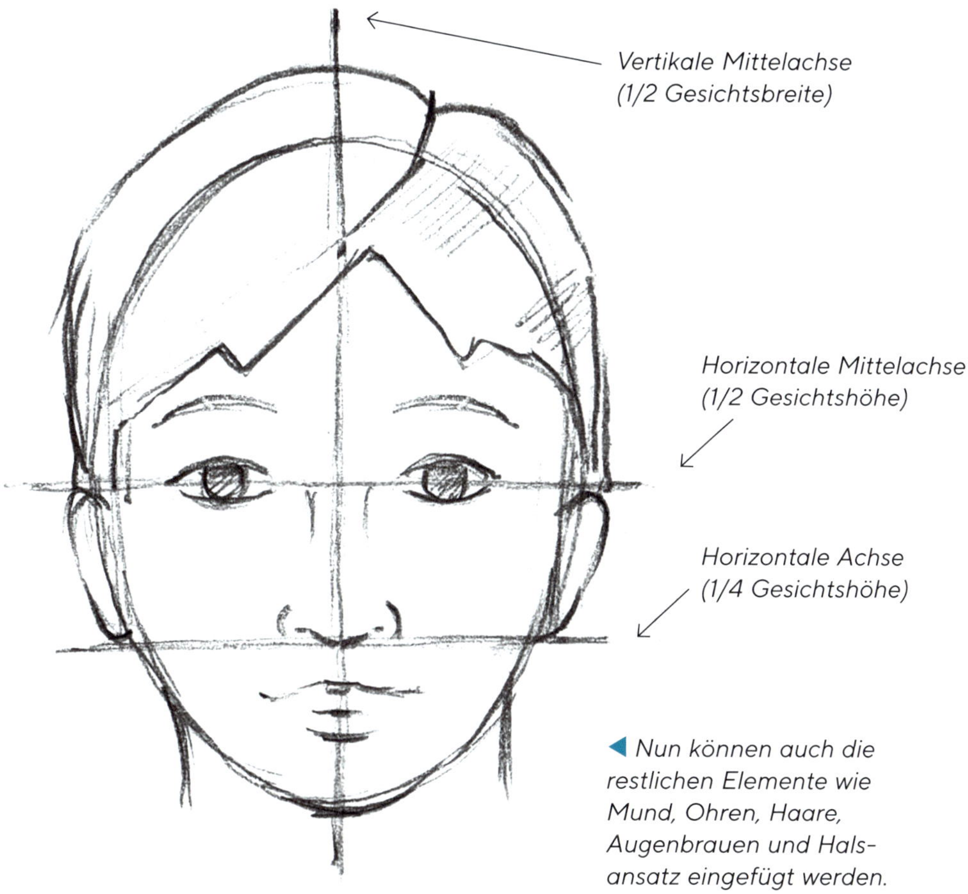

◀ *Nun können auch die restlichen Elemente wie Mund, Ohren, Haare, Augenbrauen und Halsansatz eingefügt werden.*

EIN LUSTIGES GESICHTERBILD ENTSTEHT

An diesem Punkt fängt der Spaß nun richtig an, denn jetzt können Sie Gesichter ganz individuell gestalten. Wenn Sie sich auf einem Blatt Papier eine ganze Reihe an Ovalen mit „magischen" Kreuzen anlegen, können Sie nun alles bereits Gelernte über Augen, Nasen, Haare und Mund einbringen und ganz einfache, aber sehr unterschiedliche Typen zeichnen. Wer mag, kann auch schon ein paar Accessoires wie Hüte oder Brillen ausprobieren; das ist allerdings nicht das Thema dieses Basiskurses.

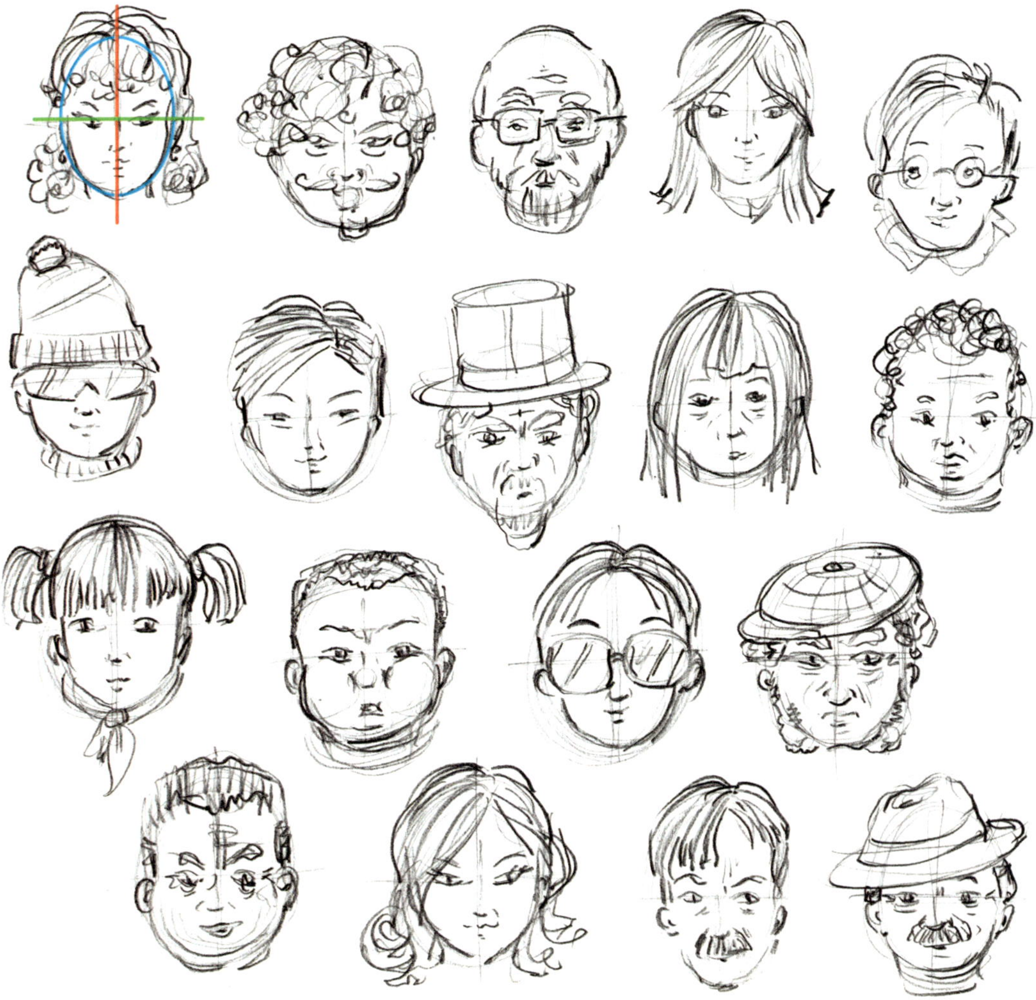

▲ *Nur ran an den Bleistift: Auf Basis des „magischen Kreuzes" entsteht eine Galerie der unterschiedlichsten Typen.*

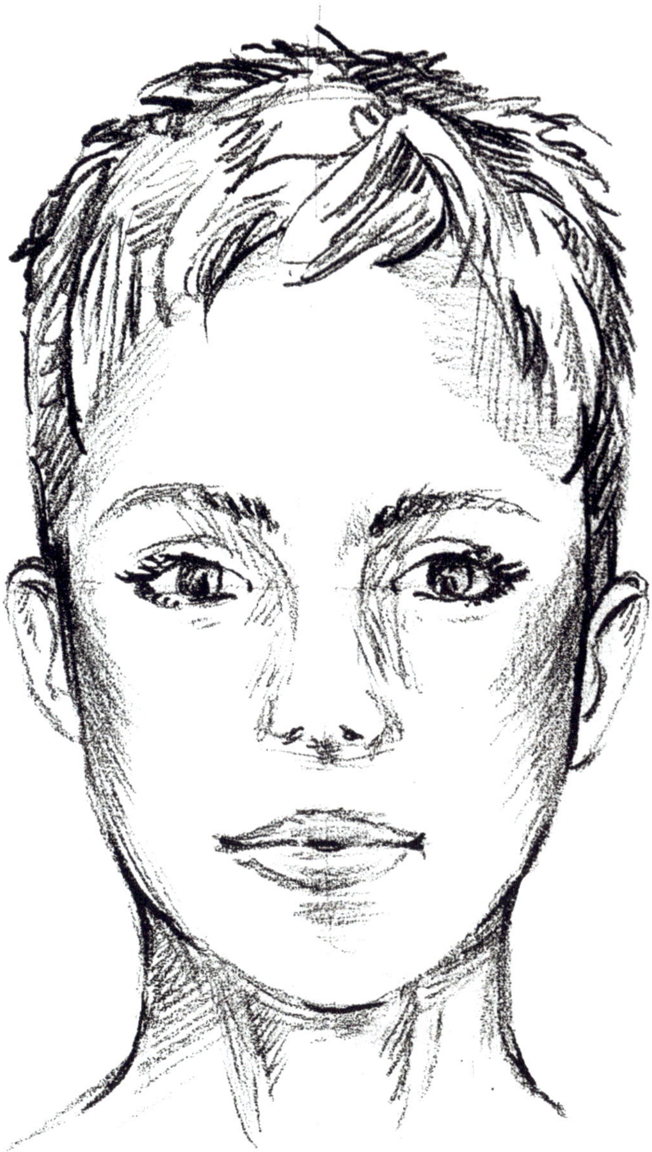

▲ *Wer sich nun schon etwas sicherer fühlt, kann versuchen, ein individuelles Gesicht auch einmal größer zu zeichnen. Auch hier gelten die Regeln des „magischen Kreuzes". Hier kann man nun alles bisher Gelernte anwenden.*

DEN KOPF VERDREHT

Gesichter in der frontalen Ansicht zu zeichnen ist noch relativ einfach. Doch was macht man, wenn die Perspektive schwieriger wird? Wenn man ein Gesicht beispielsweise schräg von der Seite festhalten möchte?
Die folgenden Abbildungen zeigen auf schematische Weise, wie man hier vorgehen kann. Wie bei der Ansicht von vorne helfen auch hier Hilfslinien, sich die Positionen von Augen, Nase, Mund und Ohren zu verdeutlichen. Nur folgen diese Hilfslinien entsprechend den Formlinien-Schraffuren in der vorderen Innenklappe des Buches dem Oval des Gesichtes. Wer dennoch Probleme hat, sollte sich mit den Methoden in den folgenden Lektionen befassen.

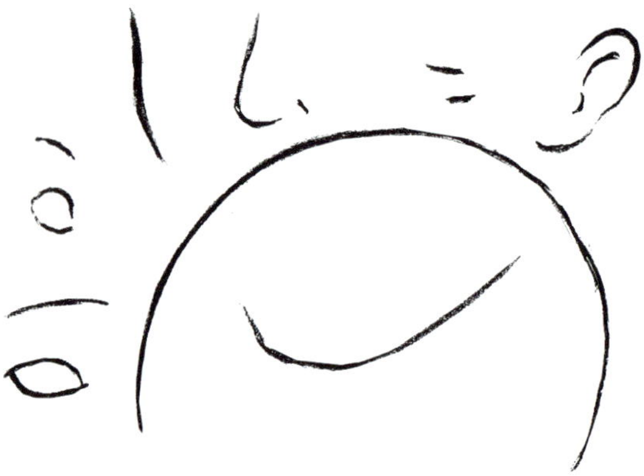

▲Auch bei einem leicht gedrehten Kopf lässt sich die Darstellung in einfache Grundelemente zerlegen.
In der willkürlichen Anordnung sieht man zum Beispiel sehr gut den Unterschied des verkürzten Auges gegenüber dem anderen Auge.

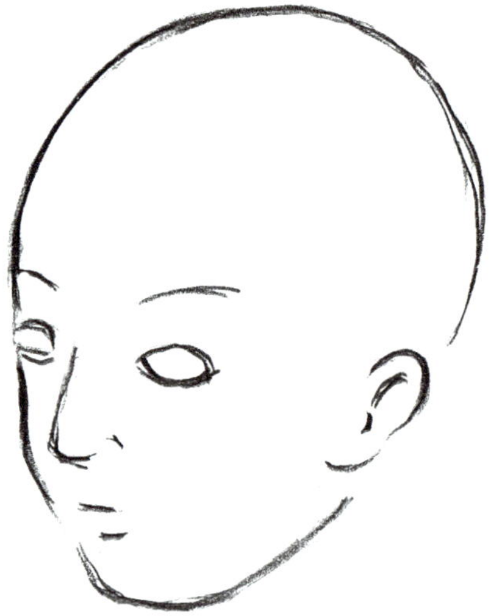

▲Hier die einzelnen Elemente in der richtigen Anordnung. Gleich wird ein gedrehter Kopf daraus.

LEKTION 7 » KURZGEFASST

- Ein sauberes Oval zeichnen
- Die beiden Achsen genau jeweils mittig einzeichnen
- Augen, Nase und Mund in der richtigen Größe an der richtigen Stelle positionieren
- Ohren, Haare, Augenbrauen und Halsansatz ergänzen
- Bei gedrehtem Kopf die perspektivischen Verkürzungen beachten

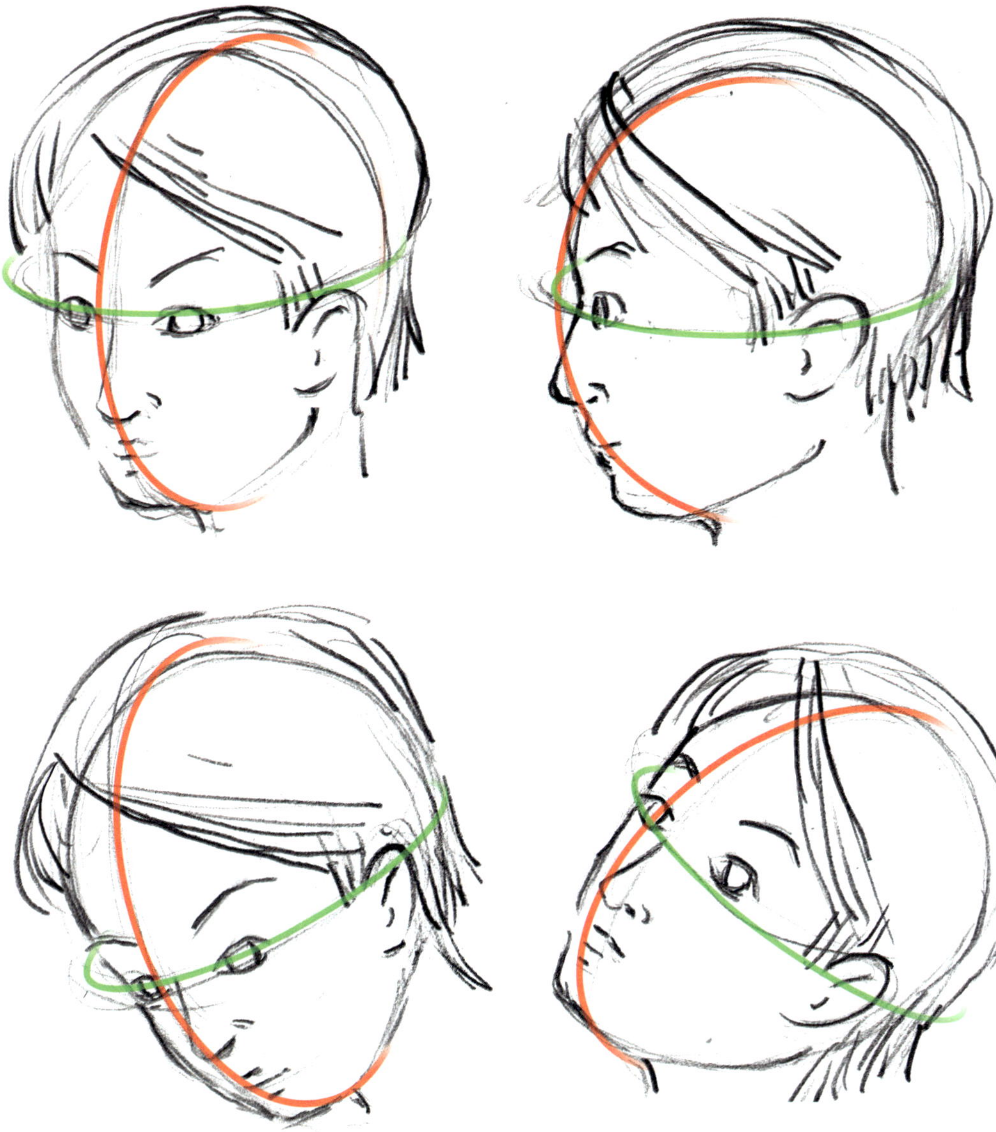

▲ *Kopf in verschiedenen Positionen*

LEKTION 8 »
DIE VORLAGE

WELCHE ARTEN VON VORLAGEN GIBT ES?

Es gibt drei Arten von Vorlagen, die Sie für Ihre Zeichnungen nutzen können:

- Das lebende Modell
- Die Bildvorlage
- Die eigene Fantasie

Eine dieser Varianten ist immer der Impuls für eine Zeichnung.
Doch wie bringe ich meine Idee aufs Papier?

VOM FOTO ZUM BILD

Inspiration, Fantasie, Eingebung ... sind bei den wenigsten Künstlern der wahre Ursprung für ein Bild. Kaum einer würde so ohne Weiteres zugeben, dass es ein Foto war, das ihn angesprochen hat und dass er Abpaustechniken verwendet hat, um ein möglichst ausdrucksstarkes Bild zu erhalten. Dabei ist daran doch gar nichts Verwerfliches! Spätestens seit Andy Warhol, dem berühmten amerikanischen Künstler der Pop-Art, sind Fotos fester Bestandteil kreativer Gestaltungsweisen. Gerade im Medienzeitalter sollte man dies unbedingt nutzen.

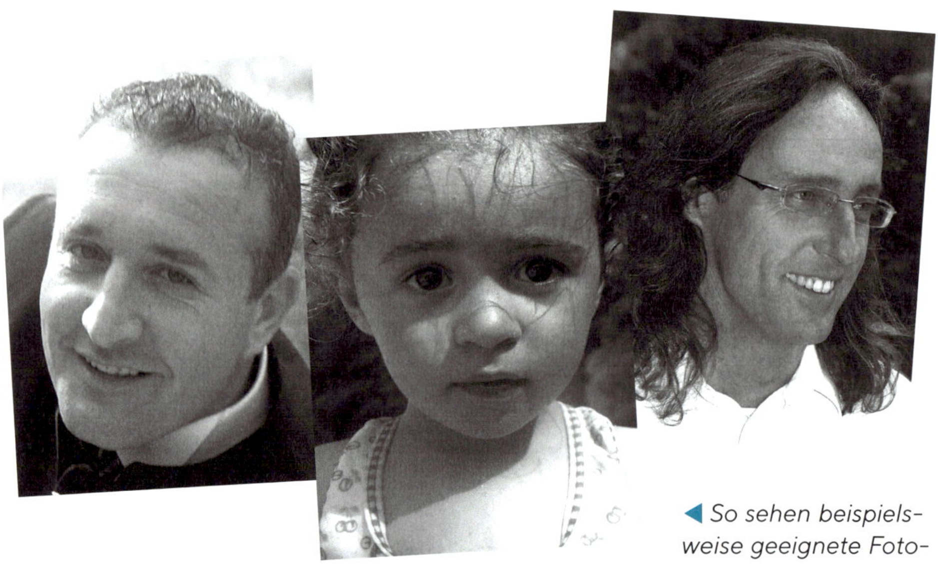

◀ *So sehen beispielsweise geeignete Fotovorlagen aus.*

SECHS METHODEN, EIN MOTIV AUF DAS PAPIER ZU ÜBERTRAGEN

- Die Rastermethode
- Das Durchpausen eines Papierfotos oder Ausdrucks
- Das Durchpausen am Bildschirm
- Das Projizieren eines Motivs
- Das Freihandzeichnen anhand eines lebenden Modells
- Aufgehellte Fotoausdrucke

DIE RASTERMETHODE

Die Rastermethode ist eine brauchbare Variante, um ein Motiv sicher aufs Papier zu bringen. Dabei zeichnet man ein feines Raster über die Vorlage und dasselbe Raster, nochmals hauchfein auf ein weißes Papier. Nun kann man Kästchen für Kästchen die Kontur nachzeichnen. Diese Methode ist sehr zeitaufwändig. Dafür eignet sie sich gut, um Motive zu vergrößern, indem das zweite Raster einfach mit größeren Abständen auf das weiße Papier gezeichnet wird.

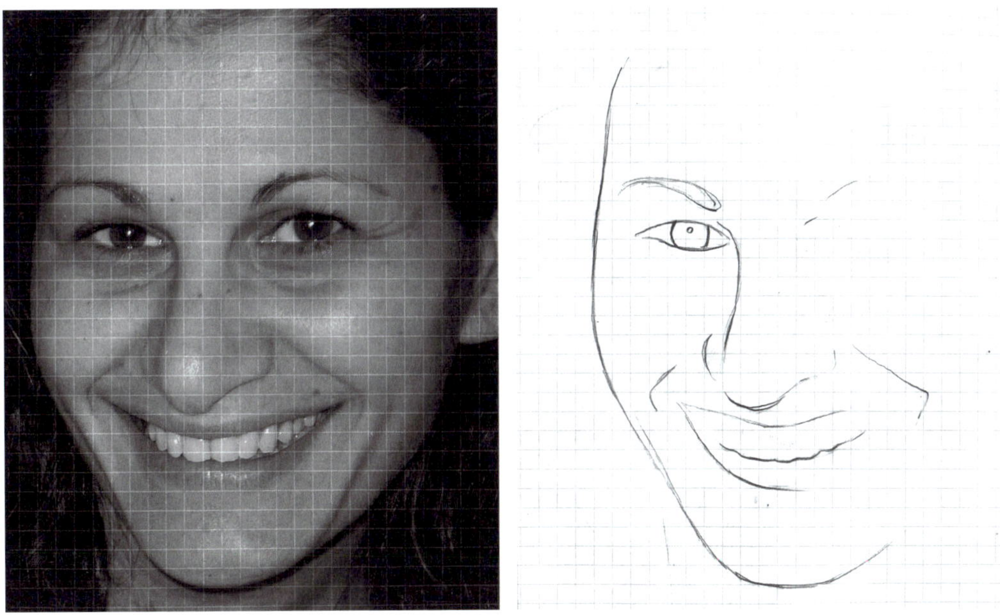

▲ *Das Raster und die Konturlinien werden vom Foto aufs Papier übertragen.*

DURCHPAUSEN MIT PAPIER

Diese Methode eignet sich sehr gut, um Motive schnell und einfach zum Beispiel von einem DIN-A4-Ausdruck auf ein DIN-A4-Blatt zu übertragen. Gehen Sie dabei wie folgt vor:

- Das Motiv in Graustufen ausdrucken (es sei denn, Sie wollen es ausdrücklich mit farbigen Stiften gestalten, was aber ungleich schwerer ist)
- Die Rückseite des Blattes mit einem HB-Bleistift flächig „anmalen"
- Nun das Motiv mit einem harten Bleistift auf ein weißes Papier durchpausen. Dabei darauf achten, dass Sie nicht nur die Konturen pausen, sondern auch Schattenflächen, Lichtpunkte und Strukturen, welche Sie später mit dem Bleistift unterschiedlich hell und dunkel schraffieren können. Erstellt man eine Vorlage nach dem „Malen nach Zahlen"-Prinzip, erhält man schnell überraschend gute Ergebnisse.

Tipp: Verwenden Sie kein käufliches Pauspapier, denn damit geraten die Linien oft zu schwarz und man kann auch nichts mehr radieren.

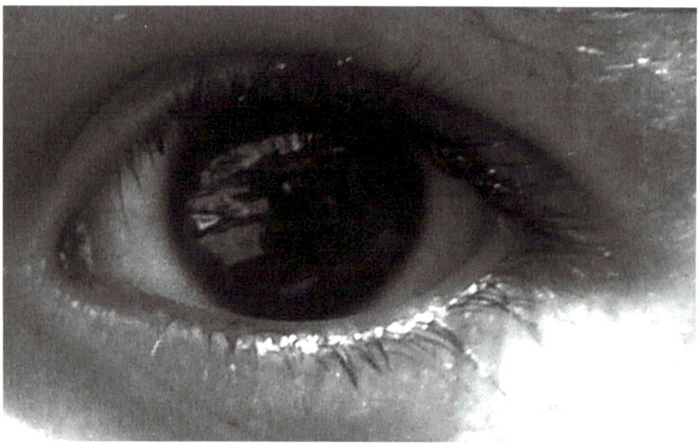

▲ Fotovorlage

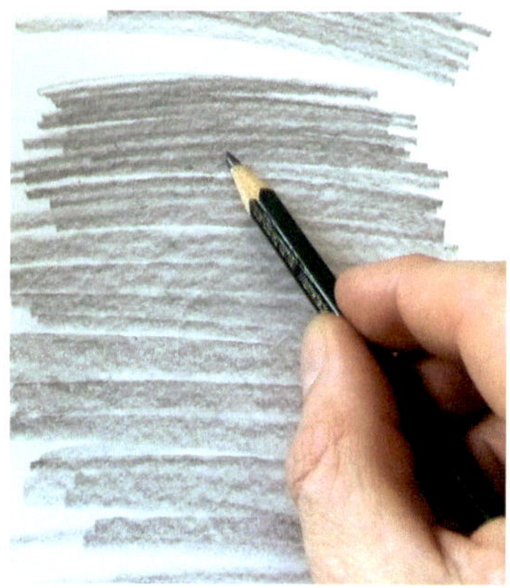

▲ Schwärzen der Rückseite

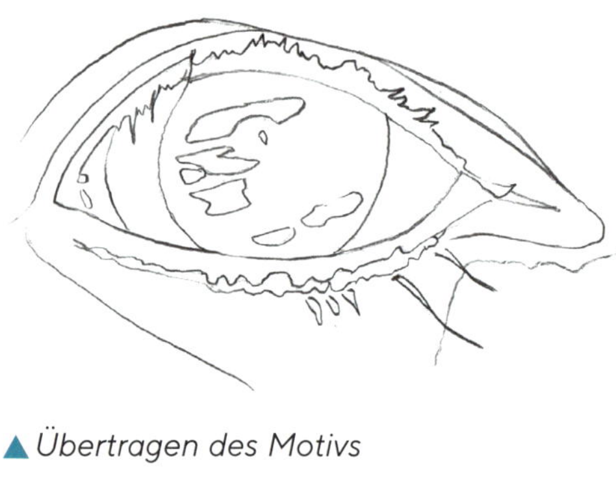

▲ Übertragen des Motivs

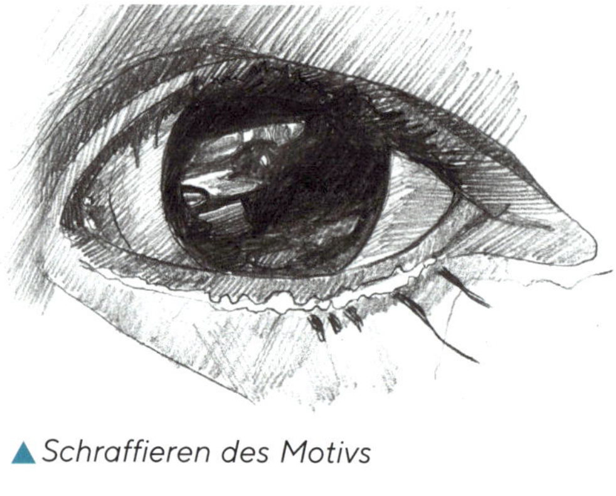

▲ Schraffieren des Motivs

DURCHPAUSEN AM BILDSCHIRM

Dank Laptop oder Tablet ist es ganz einfach, auch direkt vom Bildschirm abzupausen. In diesem Fall spart man sich den Ausdruck und das Schwärzen der Rückseite. Das Zimmer wird verdunkelt, das Blatt einfach auf den Schirm gelegt und schon kann es losgehen. Dabei sollte man keine allzu harten Bleistift verwenden, um den Bildschirm nicht zu beschädigen.

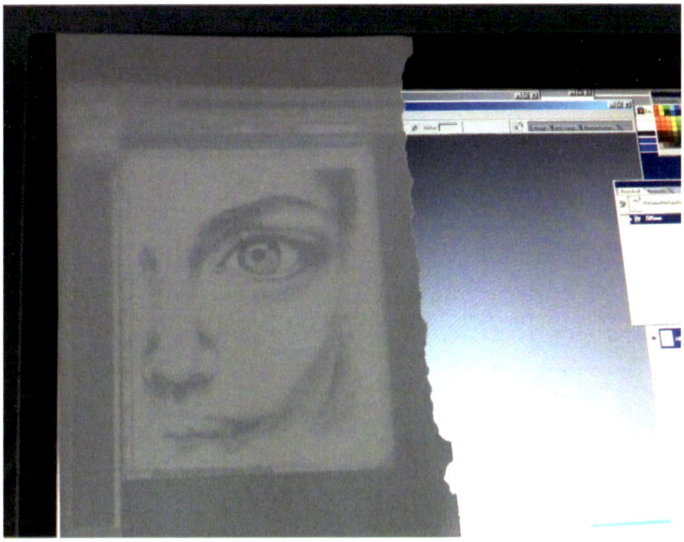

◀ *Durchpausen des Motivs an einem Laptop oder Tablet PC*

DAS PROJIZIEREN EINES MOTIVS

Die Projektionsmethode bietet sich bei sehr großen Motiven an. Hierbei wird das Bild mit einem Beamer oder Projektor auf die Zeichenfläche projiziert und dann mit dem Bleistift nachgefahren.

DIE FREIHANDZEICHNUNG

Nur ganz wenige Menschen sind in der Lage, ein aussagekräftiges Gesicht anhand eines lebenden Modells zu zeichnen – selbst renommierte Künstler stoßen dabei immer wieder an ihre Grenzen. Deshalb ist das „Porträtzeichnen nach Modell" auch nicht echter Bestandteil dieses Basiskurses. Wer aber die Lektionen des Kurses komplett bis zum Ende absolviert hat, wird feststellen, dass auch das Zeichnen nach Modell auf einmal viel einfacher geht. Denn wer die Grundlagen einmal intus hat, kann sie immer wieder anwenden.

AUFGEHELLTE FOTOAUSDRUCKE

Im Zeitalter der digitalen Fotografie und Bildbearbeitung erschließen sich dem Künstler nicht nur neue Ausdrucks- und Gestaltungsformen, sondern auch Hilfen für das Zeichnen auf Papier. Fast jeder hat heutzutage einen PC, ein Notebook oder ein Tablet zuhause, die meisten verfügen auch über einen Drucker und ein einfaches Bildbearbeitungsprogramm. Wer keinen PC hat, kann im Copy-Shop helle Kopien von Fotos anfertigen lassen.
Fotos können stark aufgehellt, in Graustufen ausgedruckt und dann direkt als Zeichenvorlage verwendet werden. Dies erspart einem das manchmal schwierige Übertragen eine Motivs vom Foto auf Papier und es regt zudem zu kreativen Varianten an, wie Sie bereits in Lektion 6 „Die Haare" gesehen haben.

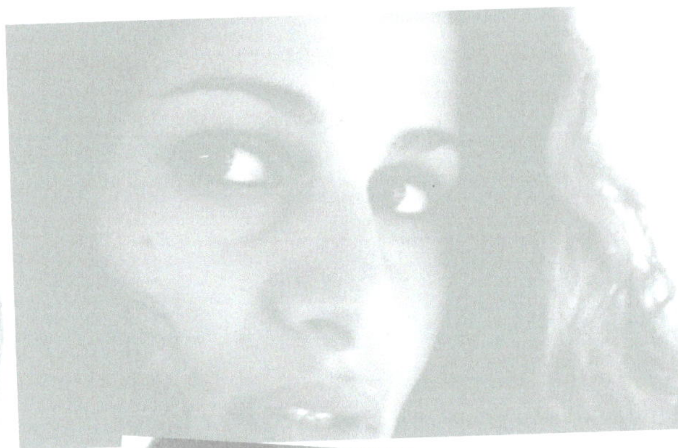

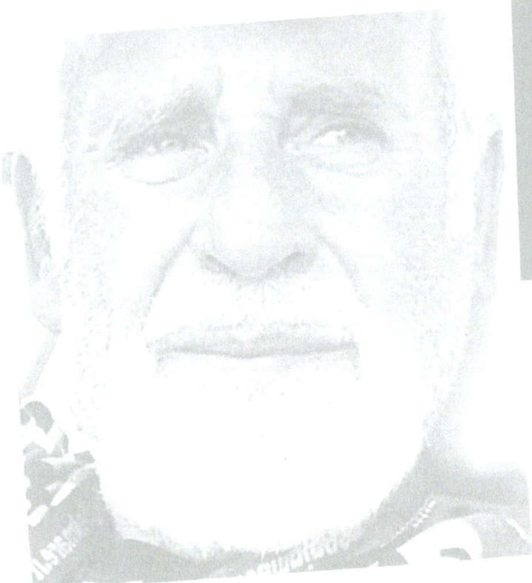

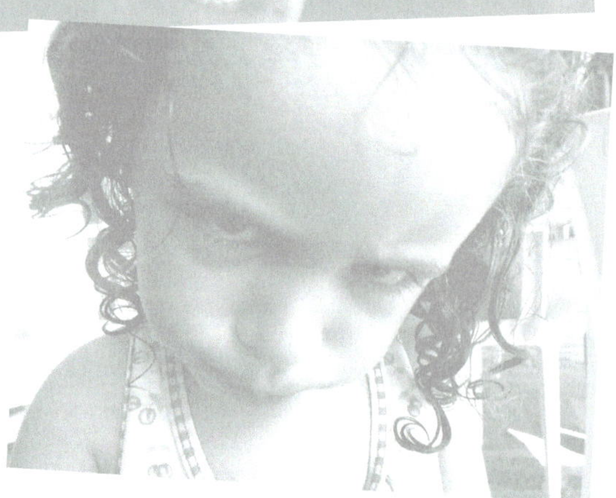

▲ *Beispiele für geeignete helle Ausdrucke*

PÄDAGOGISCHER WERT

Das Arbeiten mit Fotos als Zeichengrund mag auf den ersten Blick nicht besonders förderlich wirken, was die persönliche zeichnerische Weiterentwicklung angeht. Das genaue Gegenteil ist aber der Fall!
Wer auf Fotos zeichnet, die Konturen und die Schraffuren nachempfindet, dem fließt die korrekte anatomische Darstellung eines Gesichtes ganz unbewusst und spielerisch in die Hand. Man beobachtet während des Zeichnens die Größen- und Lichtverhältnisse im Bild, ohne sich vorher lange mit dem Übertragen des Motivs auf das Papier ärgern zu müssen.
Die Technik ist im Grund auch nicht neu. Schon alte Meister wie Tizian untermalten ihre Motive zunächst schwarzweiß, um sie dann Schritt für Schritt mit flüssiger Farbe zu lasieren. Ganz ähnlich verhält es sich hier beim Zeichnen.

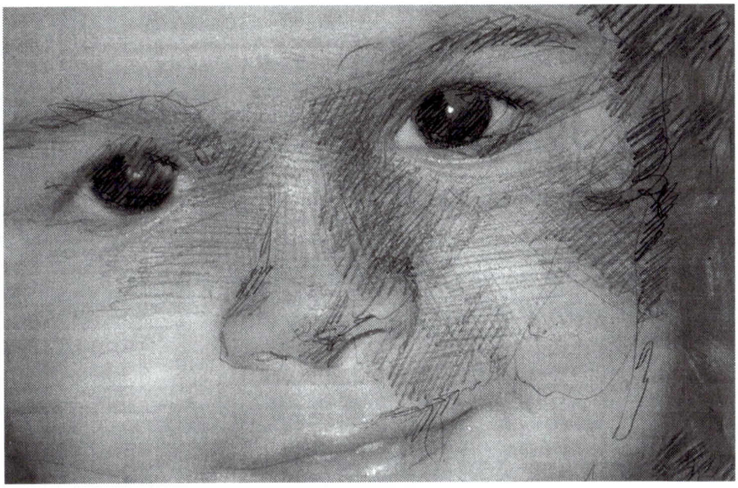

◀ *Auf dem hellen Ausdruck lassen sich die Anatomie und die Lichtverhältnisse eines Motivs sehr einfach nachvollziehen.*

LEKTION 8 » **KURZGEFASST**

- Das Durchpausen und das Arbeiten mit aufgehellten Fotoausdrucken bringen auch für weniger Geübte gute Ergebnisse
- Das Durchpausen am Bildschirm, die Projektion und das Rasterzeichnen eignen sich für bessere Zeichner
- Gute Zeichner können sich an der Freihand-Methode versuchen
- Für alle gilt: Das Motiv sauber im Grundaufbau auf das Papier übertragen und auf Basis der im Buch bereits gelernten Lektionen weiterarbeiten

LEKTION 9 »
KREATIVES ARBEITEN MIT FOTOS

WOZU KANN MAN FOTOS VERWENDEN?

In der vorhergehenden Lektion haben Sie gesehen, dass Fotos ein gutes Hilfsmittel sind, um eine Bildidee schnell und sauber auf weißes Papier zu übertragen. Aber Fotos bieten noch viel mehr, denn man kann sie auch ganz direkt in den Gestaltungsprozess mit einbeziehen. Dazu drei unterschiedliche Beispiele mit ähnlichem Ansatz.

VORGEHENSWEISE

Ein Foto muss scharf und knackig in den Farben sein, sonst ist es nicht gut ... meint man. Aber je nach Bildidee kann es genau umgekehrt sein. Hier wurde die Fotografie eines kleinen Mädchens bewusst etwas unscharf gestaltet und das Bild sehr hell und bleich ausgedruckt. Auf diese Weise bekommt das Foto schon einen etwas nostalgischen Touch. Nun fängt man an, mit Buntstiften einige farbige zarte Schraffuren einzubringen, ganz bewusst nicht in den natürlichen Farben, sondern in Farbtönen, die zum Motiv passen.

RECHTZEITIG AUFHÖREN

Nun führt man die Arbeit weiter fort, achtet aber darauf, nicht das ganze Foto auszumalen. Von der Vorlage sollte viel ohne Zeichnung sichtbar bleiben, damit das ganze Bild leicht wirkt.

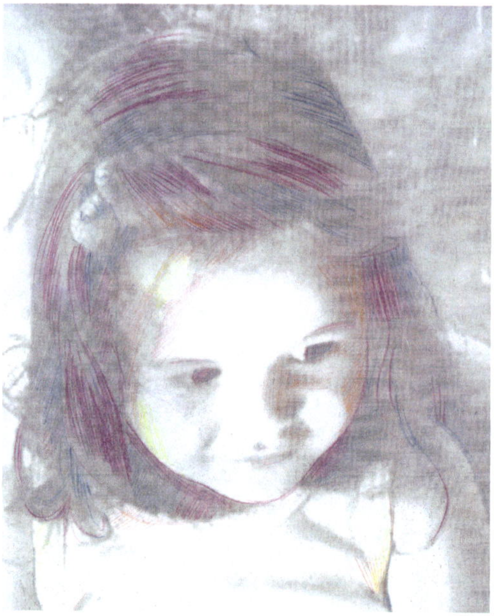

▲ *Heller Schwarzweiß-Ausdruck einer Fotovorlage mit ersten Buntstiftstrichen.*

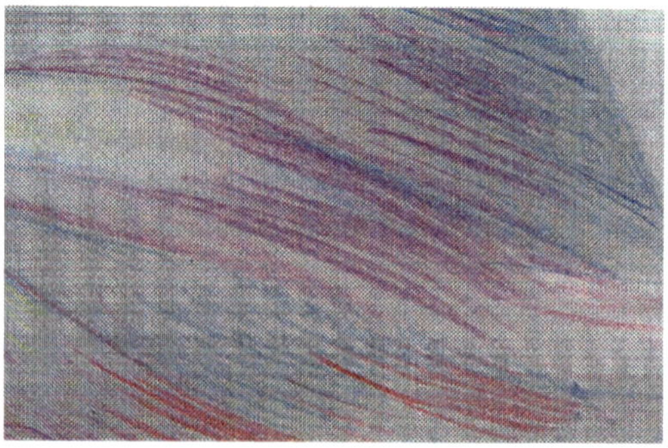

▲ *Im Detail sieht man die feinen Schraffuren in den Haaren.*

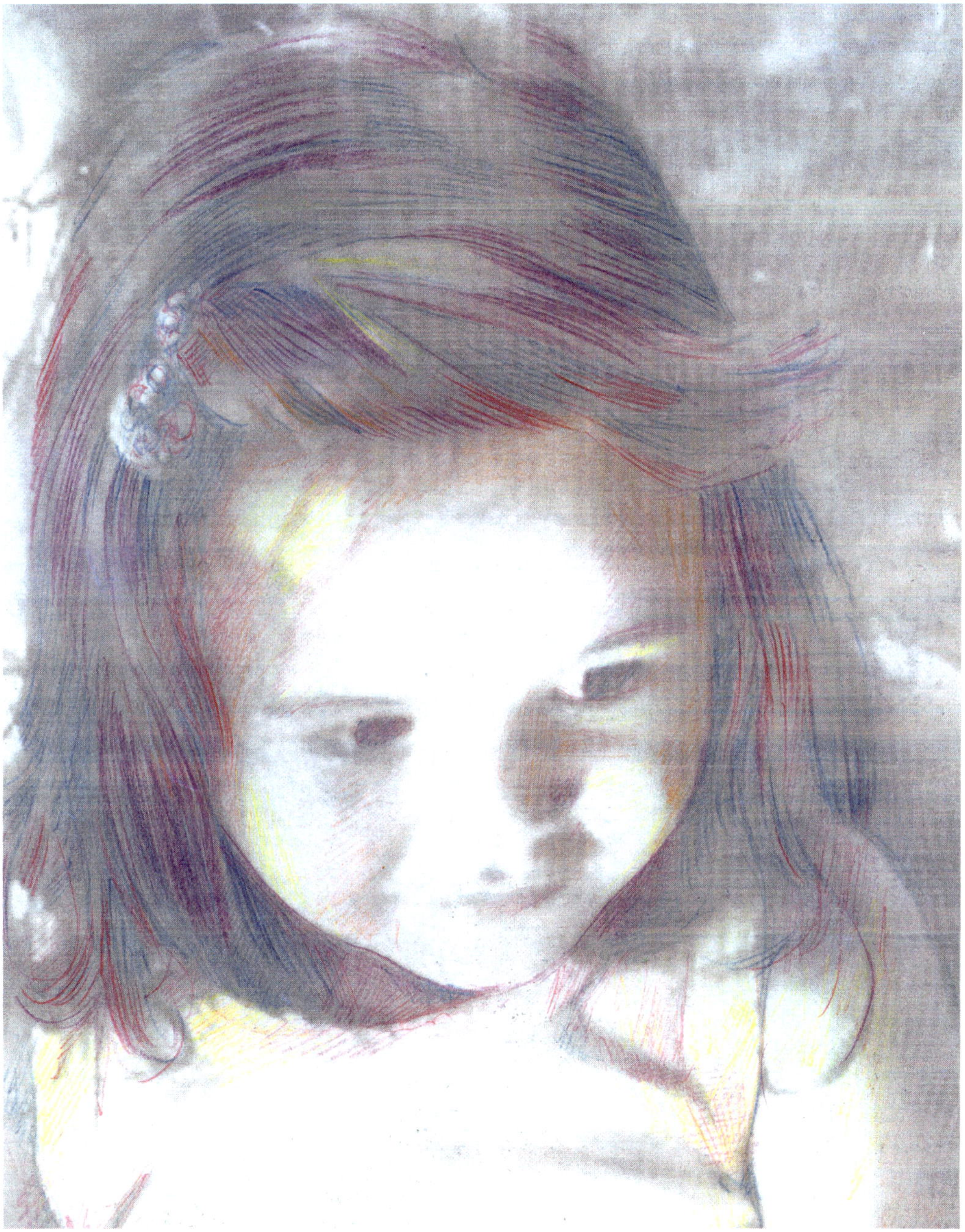

▲ *Wichtig ist bei diesem Motiv, rechtzeitig aufzuhören und nicht alles mit Buntstift auszumalen. Sonst verliert das Bild seine Leichtigkeit und Poesie.*

CRAZY

Natürlich können Sie sich bei der Gestaltung auch ganz unmittelbar vom Foto inspirieren lassen, wie in diesem Fall von dem schmollenden Kind. Hier wurde das Foto nicht zu hell, dafür aber sehr kontrastreich ausgedruckt und in verschiedenen Stufen und Varianten mit Buntstiften und Bleistiften bearbeitet. Wie man im Detail sieht, spiegeln die groben Bunt- und Bleistiftschraffuren gut das Seelenleben des kleinen Zornigels wider.

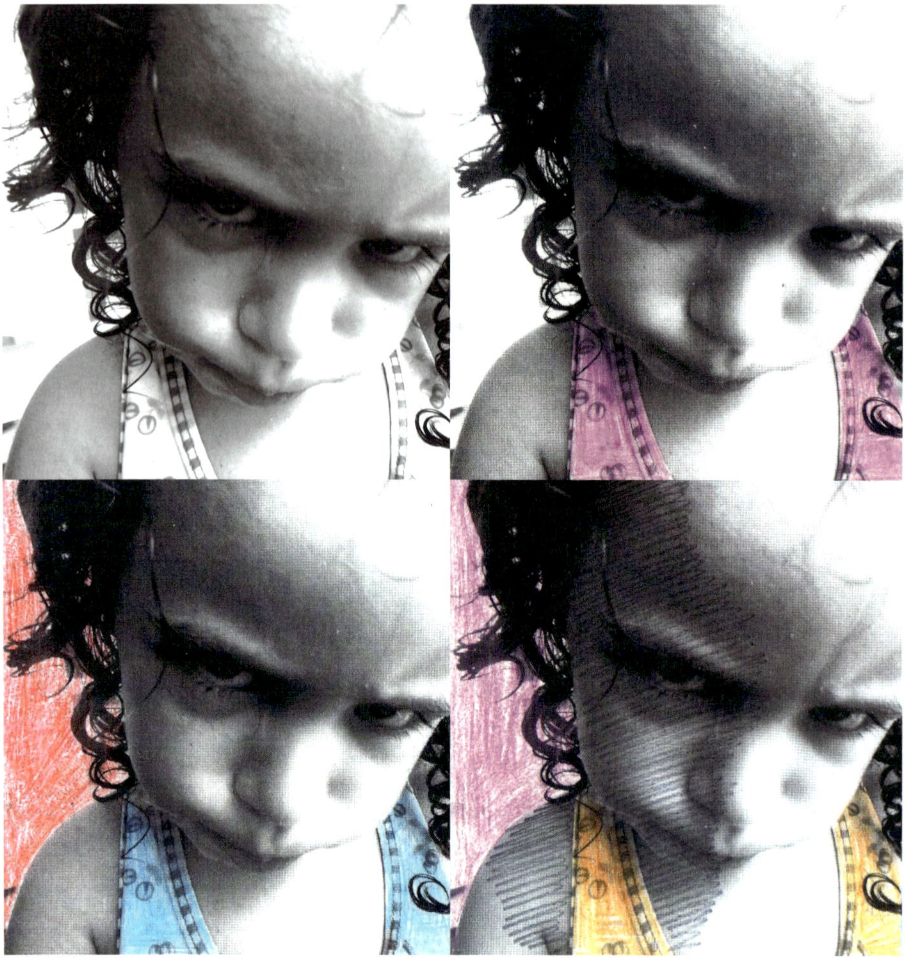

▲ *Die kontrastreiche Fotovorlage unterstützt den zornigen Ausdruck des kleinen Mädchens. Anschließend wurden verschiedene Varianten einfacher Schraffuren eingearbeitet. Die Darstellung erinnert etwas an die Bilder des Pop-Art Künstlers Andy Warhol, der schon ab den 50er-Jahren des vorigen Jahrhunderts angefangen hatte, Fotos in Serien als Grundlage für seine Kunst zu verwenden.*

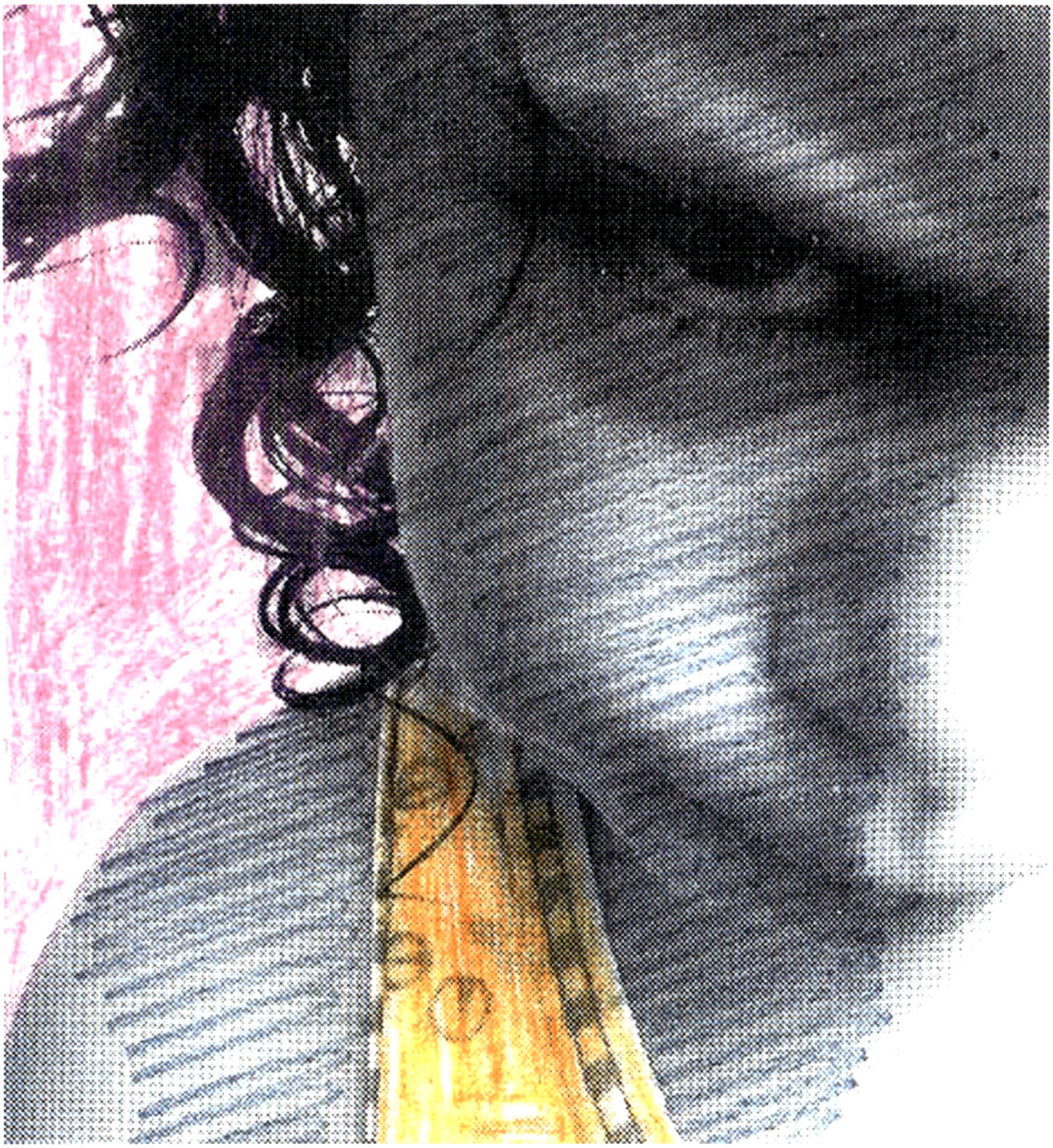

▲ *Fast spannender als die Gesamtansicht ist in diesem Fall die stark vergrößerte Detailansicht, da hier die Struktur der Buntstiftflächen und Bleistiftschraffuren noch besser sichtbar wird.*

EXPRESSIV

Auch in diesem Beispiel sind aufgehellte Fotos der Ausgangspunkt für die Gestaltung. Bewusst wurden hier sehr unterschiedliche Menschen gewählt, um mehr Spannung zu erzeugen. Im Gegensatz zur zarten, poetischen Darstellung wird hier nun mit kräftigen Bleistiftschraffuren gearbeitet, die man gezielt und bewusst auch etwas gekritzelt einbringt. Diese Arbeit können Sie so lange fortführen, wie Sie es für richtig halten. Doch auch hier gilt: lieber etwas früher aufhören als zu spät. Das Detail zeigt, dass schnelle, lockere Schraffuren einen tollen Kontrast zum Foto bieten.

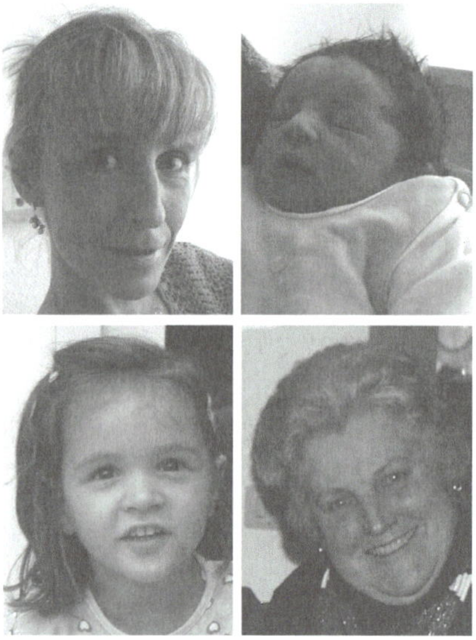

▲ *Fotovorlagen*

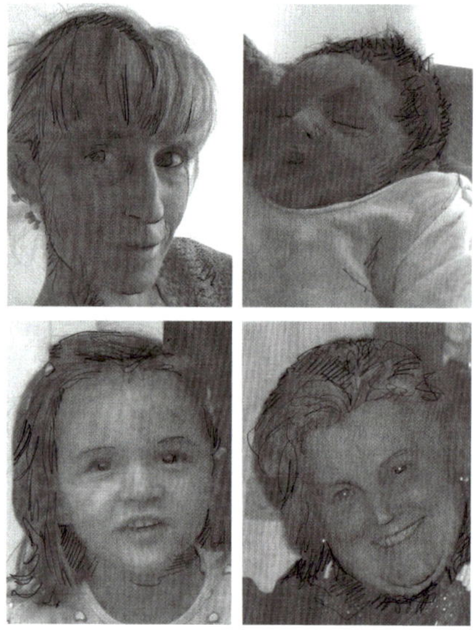

▲ *Erste lockere Schraffuren auf den vier Motiven*

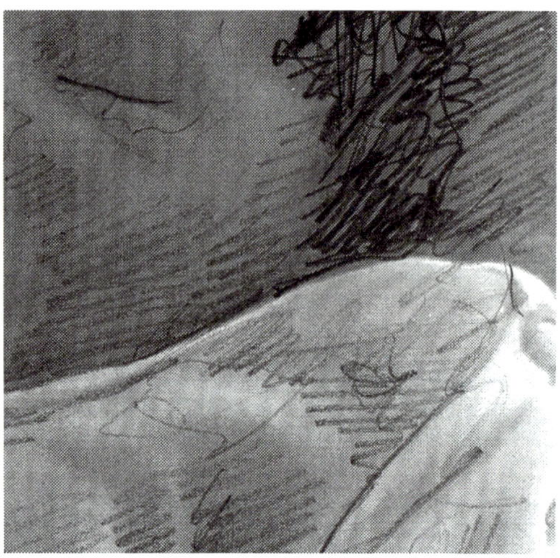

◀ *Im Detail sieht man sehr schön die angewandte, lockere Schraffurtechnik und das Zusammenspiel zwischen Foto und Zeichnung.*

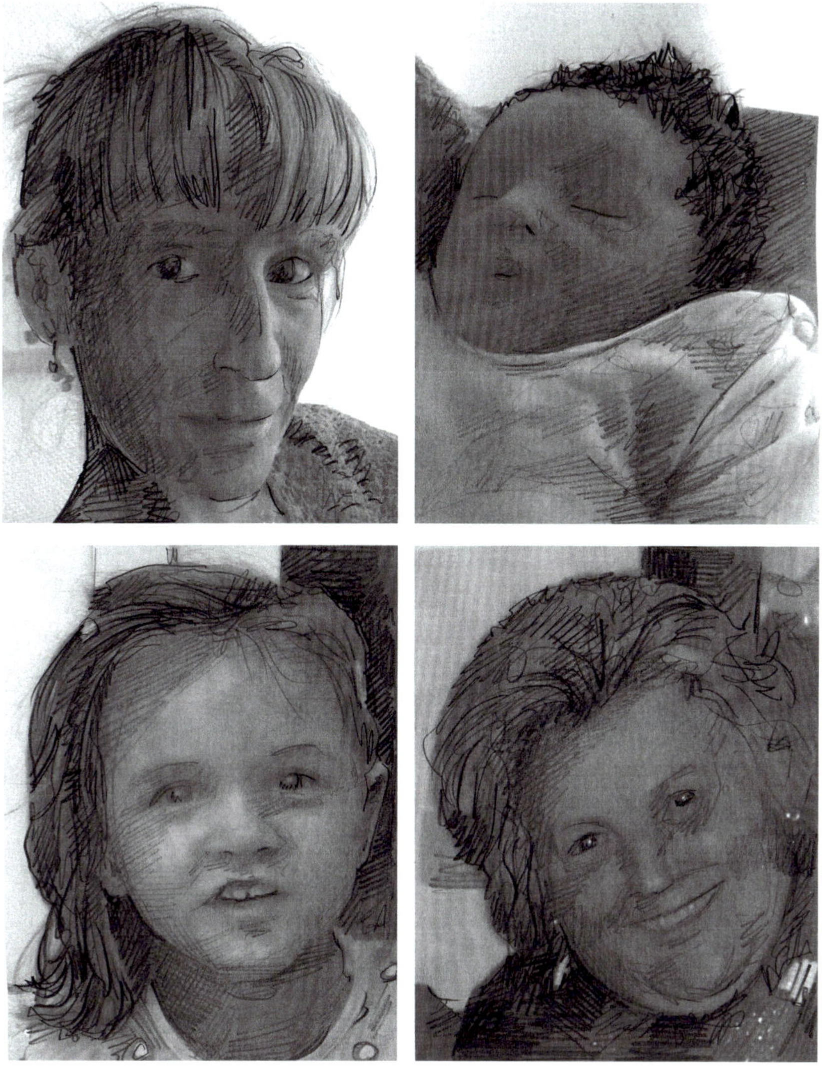

Die Fotovorlage sollte nicht ganz mit Schraffuren überdeckt werden, da sonst das Spannungsverhältnis zwischen Foto und Zeichnung verloren geht.

LEKTION 9 » **KURZGEFASST**

- Eine der Bildidee entsprechende Vorlage auswählen
- Foto(s) je nach Bildidee hell oder kontrastreich ausdrucken
- Den Ausdruck mit farbigen oder grauen Schraffuren bearbeiten
- Rechtzeitig aufhören!

LEKTION 10 »

FREIE LINIEN

WIE FREI BIN ICH EIGENTLICH?

Der Wunsch eines jeden ambitionierten Zeichners ist es, irgendwann an den Punkt zu kommen, an dem man ganz schnell, locker, frei und mit wenigen Strichen eine gelungene Skizze aufs Blatt wirft. Doch was sich so einfach anhört, ist natürlich sehr schwer und die hohe Kunst des Zeichnens. Aber auch hier gibt es Methoden, sich diesem Niveau langsam zu nähern. Kohle ist dabei ein gutes Material, da die Stifte eher spröde sind und gar keine so genauen Darstellungen zulassen.

DER WICHTIGSTE TIPP VORNEWEG

Den Kopf ausschalten! Wer sich zu viele Gedanken über das Gelingen der Zeichnung macht, wird hier scheitern, denn es kommt weniger auf die absolute anatomische Richtigkeit an als vielmehr auf die Lebendigkeit der Linie. Schnelles und gedankenverlorenes Loszeichnen ist hier angesagt.

MINI-KOHLESKIZZEN

Kleine Kohleskizzen im Bonsaiformat sind ein guter Einstieg in das Thema. Wem es nicht gelingt, sich ganz freizumachen, der schließt einfach mal die Augen und zeichnet blind weiter. Dadurch entstehen ganz ungewollt spezielle Skizzen. Blind zeichnen heißt, sich freizumachen, von allem, was einem das Auge an Ästhetik befiehlt.

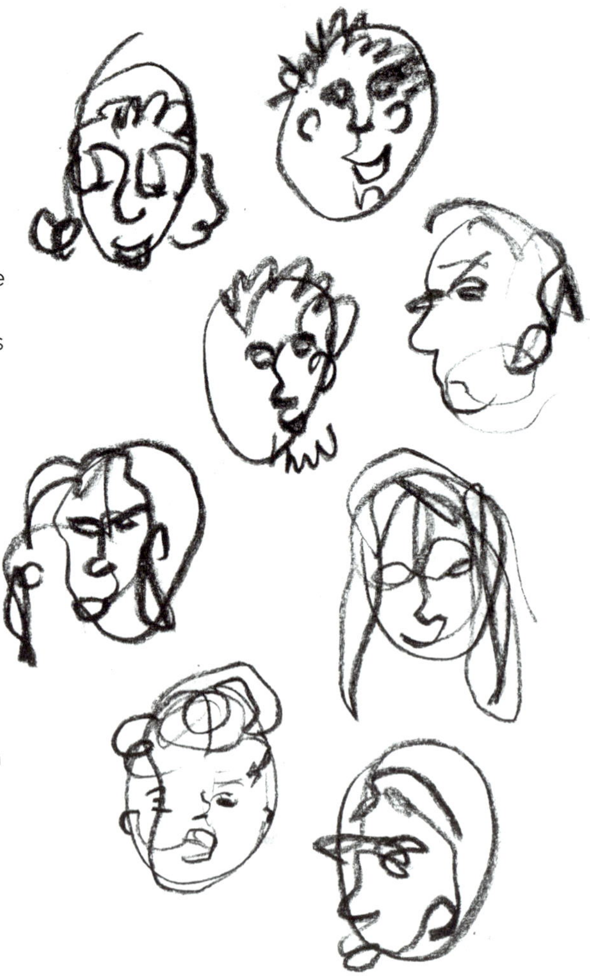

▶ *Kleine, freie Kohlezeichnungen von verschiedenen Gesichtern*

LANGSAM GRÖSSER WERDEN

Nehmen Sie diese Lockerheit und Reduziertheit mit, wenn es an größere Skizzen geht. Die Formate langsam zu vergrößern ist ein gutes Mittel, da man immer wieder kontrollieren kann, ob auf dem Weg Spontaneität verloren geht.

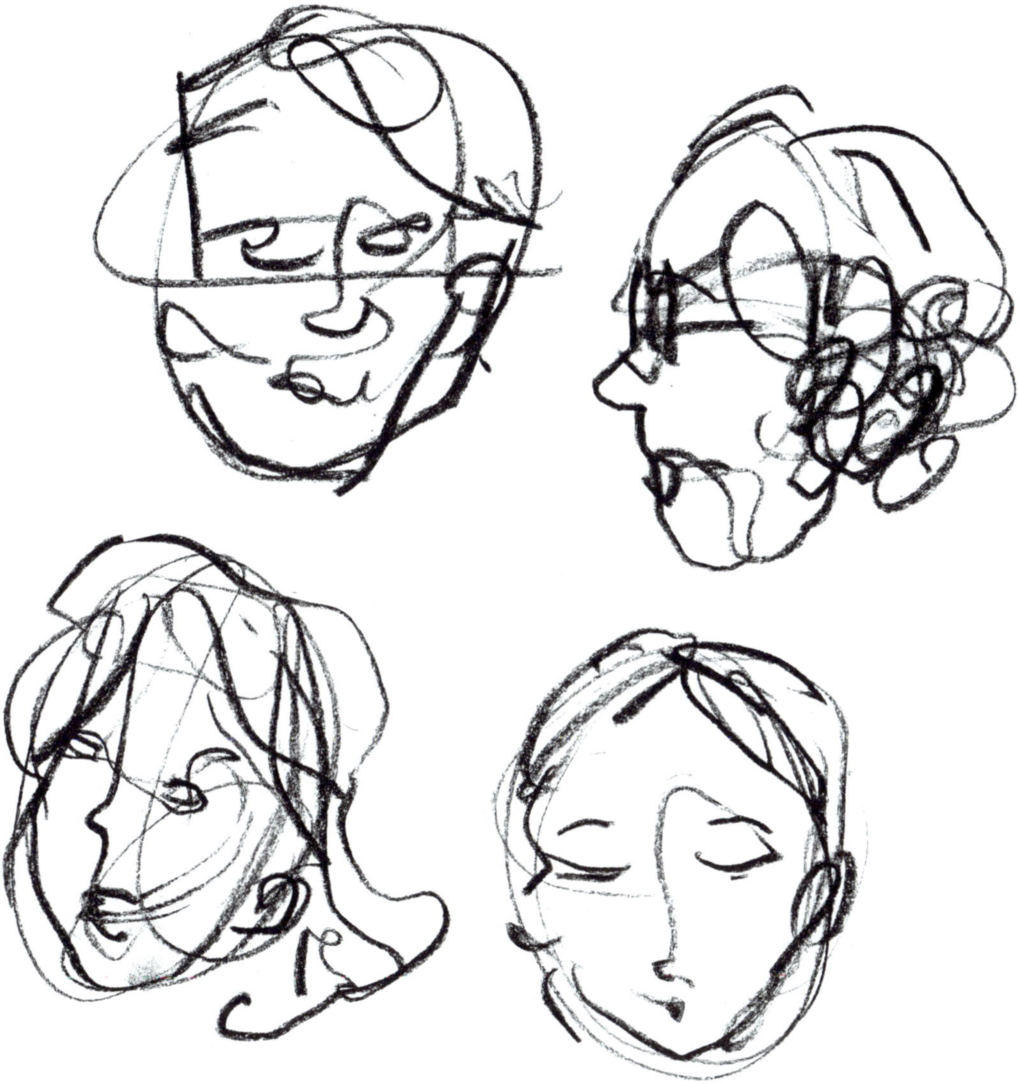

▲ *Die Gefahr, dass man an Lockerheit einbüßt, wenn die Abbildungen größer werden, ist recht groß. Darauf gilt es zu achten, wenn man sich weiterentwickeln möchte.*

EINE KUNSTVOLLE SKIZZE ENTSTEHT

Wer sich beim Skizzieren etwas sicherer fühlt, kann versuchen, eine Bildidee als komplette Skizze umzusetzen. Sie können auch etwas tricksen, indem Sie die große Form des Gesichts erst einmal auf das Papier pausen. ABER: Nach dem Abpausen sollten Sie ganz schnell wieder locker werden und den Strich frei laufen lassen.

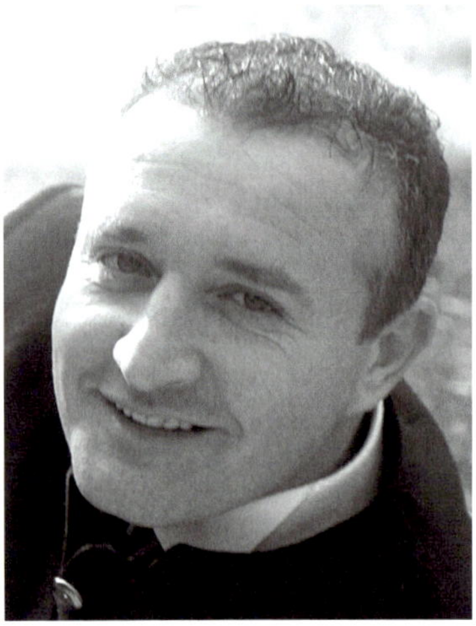

▲ *Fotovorlage*

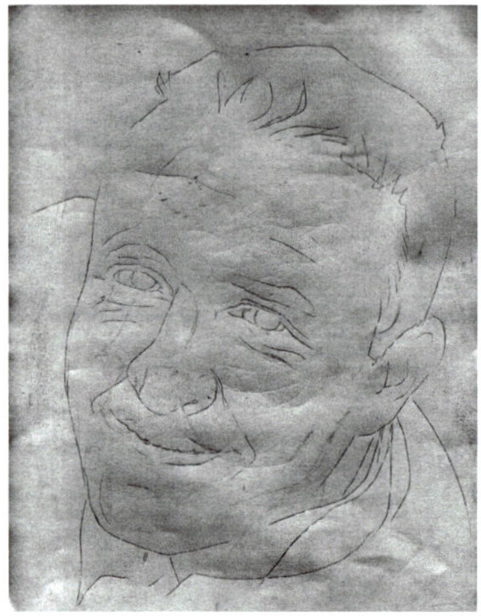

▲ *abgepauste Konturlinien*

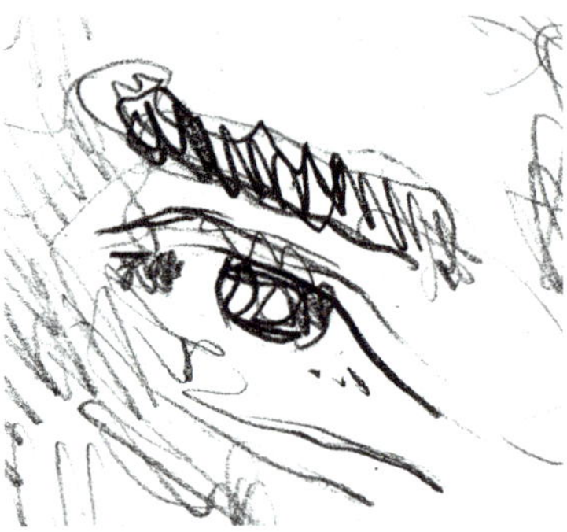

◀ *Das Gesicht wird mit wenigen, ganz freien Schraffuren angelegt. Im Detail ist gut zu erkennen, wie abstrakt und frei die Linien schon wirken.*

LEKTION 10 » KURZGEFASST

- » Zum Einstieg freikritzeln, wie in Lektion 1 gezeigt
- » Gedanken ausblenden und einfach mit dem Zeichnen anfangen, wie ein kleines Kind
- » Den Stift so gut wie gar nicht absetzen und ihm seinen freien Lauf lassen
- » Nicht zu sehr an richtige anatomische Zusammenhänge denken
- » Bei zu vielen Hemmungen die Augen schließen

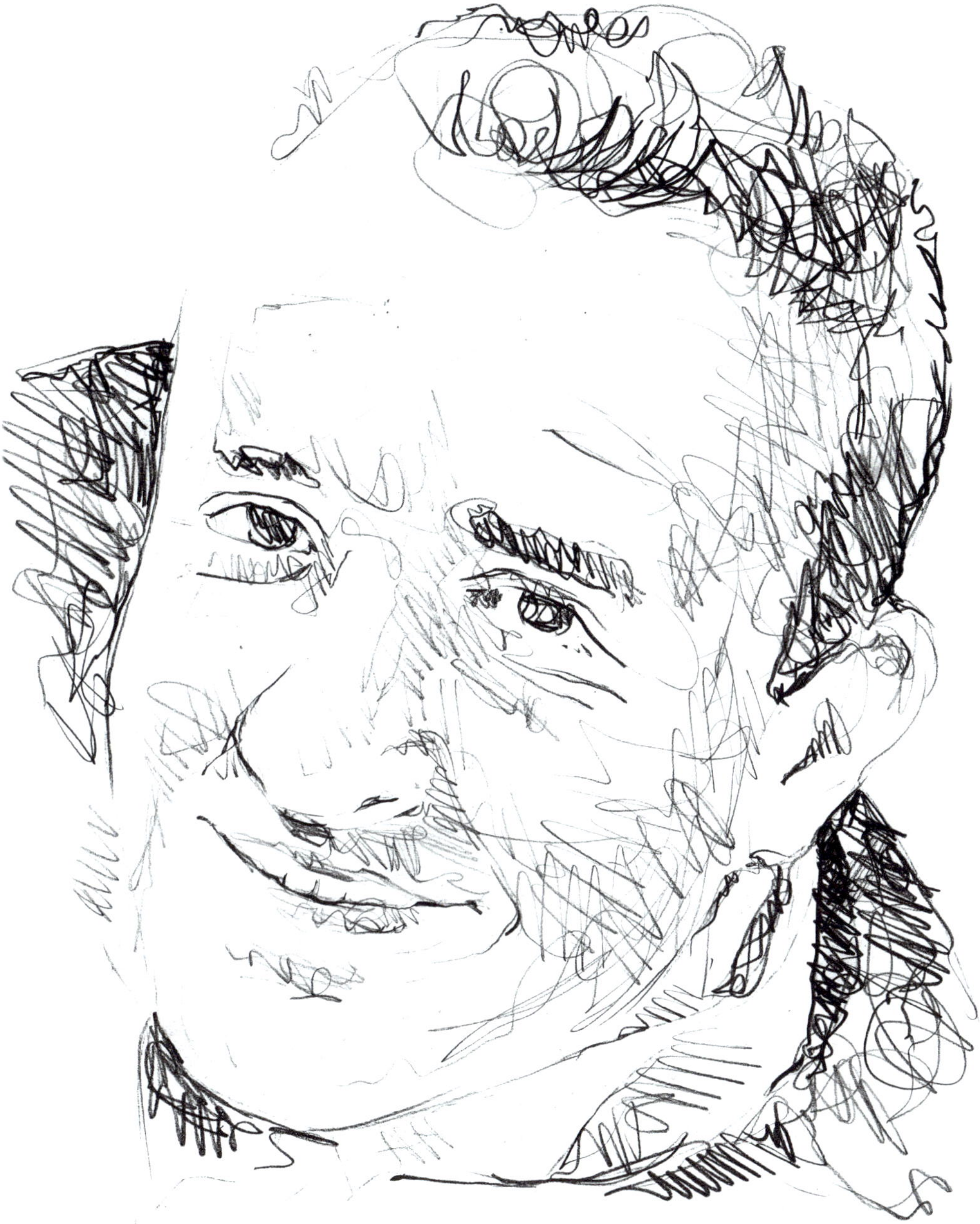

▲ *Zeichnungen, die mit freier Linienführung umgesetzt wurden, wirken oft lebendiger als solche, die bis ins letzte Detail ausgearbeitet sind.*

MOTIVE »
KLEINES MÄDCHEN

EIN BILD ENTSTEHT

Mit dem Wissen über die Darstellung von Augen, Nase, Mund und Ohren sowie der Anwendung von Schraffuren können Sie nun schon sehr ansprechende Motive zeichnen. Wichtig ist natürlich, zunächst das Motiv stimmig auf das Papier zu übertragen. Die verschiedenen Vorgehensweisen werden in Lektion 8 beschrieben.

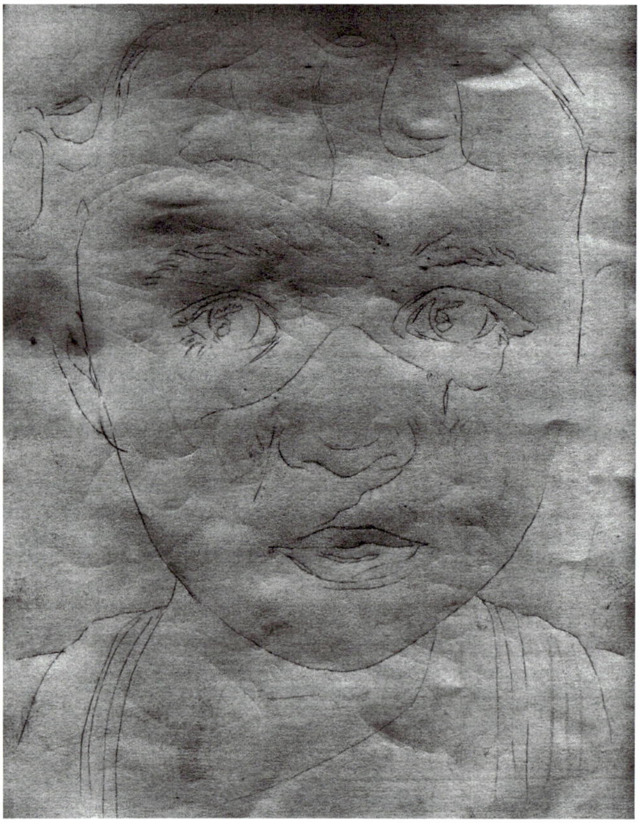

▲ *Grundaufbau des Mädchenkopfes. Hier ist die Darstellung der Konturen bewusst abgedunkelt, da man die feinen Linien sonst nicht sehen würde.*

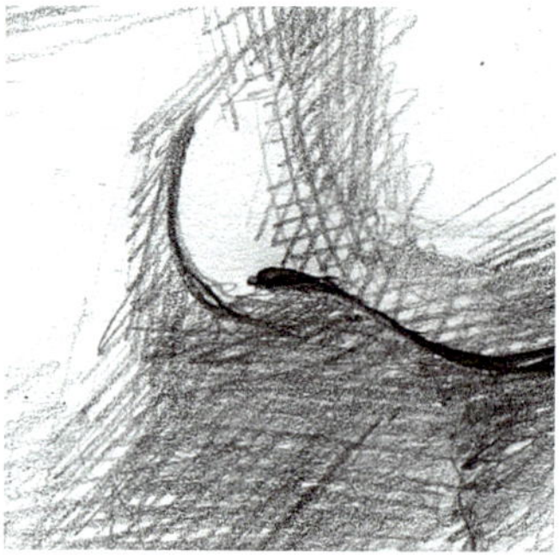

▲ *Die Nase besteht nur aus wenigen scharfen Konturen im Bereich der Nasenlöcher, die mit Schraffuren in den Schattenbereichen ergänzt werden.*

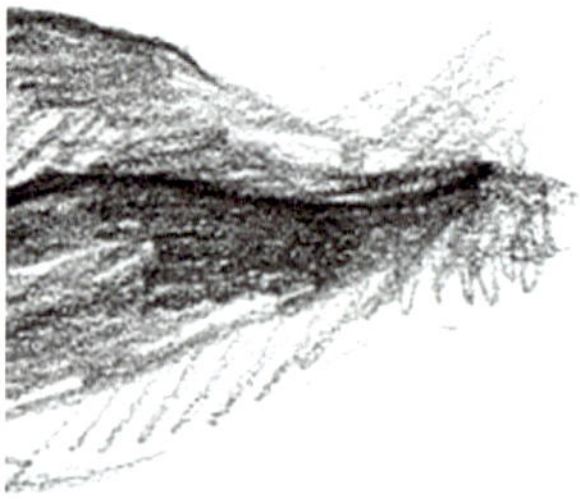

▲ *Beim Mund ist die Kontur immer wieder aufgebrochen und die Schraffuren werden im Mundwinkel dunkler.*

DIE EIGENE KÜNSTLERISCHE FREIHEIT

Natürlich kann jede/r immer selbst entscheiden, wie viel er oder sie darstellen möchte. In diesem Beispiel wurden die Haare, die Kleidung, aber auch die Ohren ganz bewusst nur angedeutet, was dem Ausdruck des kleinen Gesichts aber keinen Abbruch tut.
Im Gegensatz zu einem Erwachsenen sind bei einem Kind die einzelnen Gesichtselemente noch sehr fein und vor allem faltenlos angelegt. Die Augen wirken groß und der Bereich zwischen Augen und Kinn – das eigentliche Gesicht – ist im Größenvergleich zum gesamten Kopf eher zierlich.

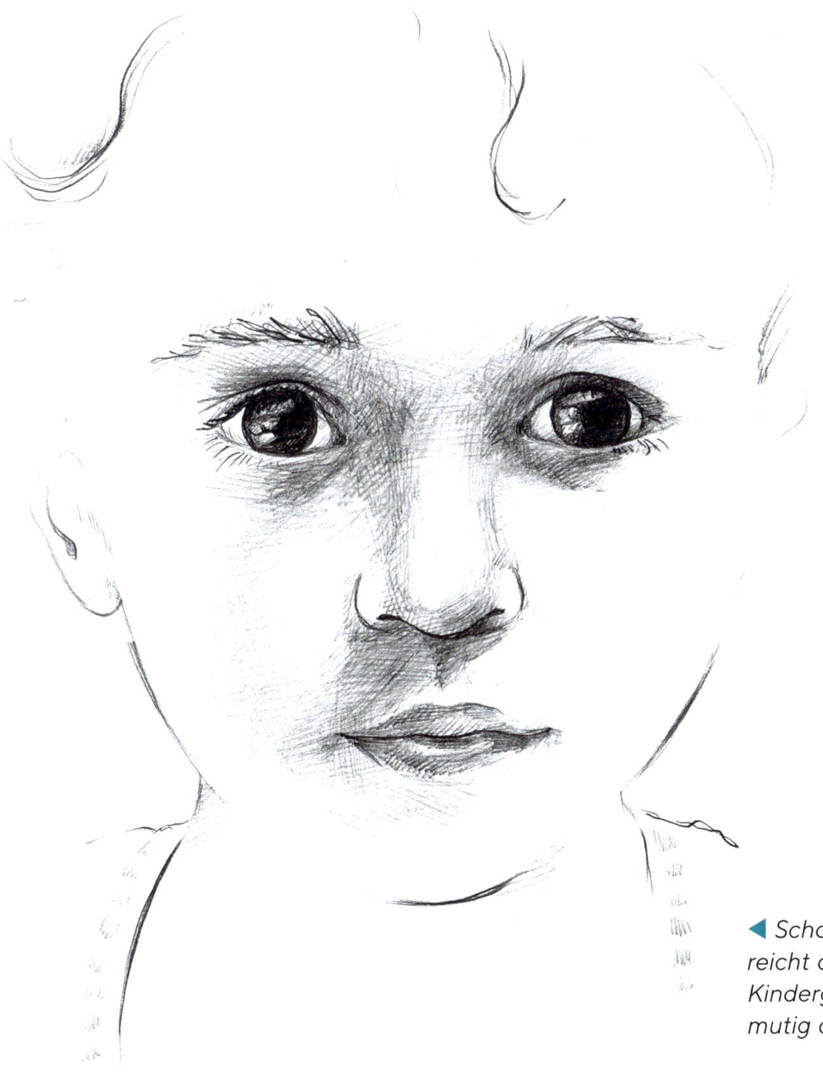

◀ *Schon wenig reicht aus, um das Kindergesicht anmutig darzustellen.*

MOTIVE »
JUNGE FRAU

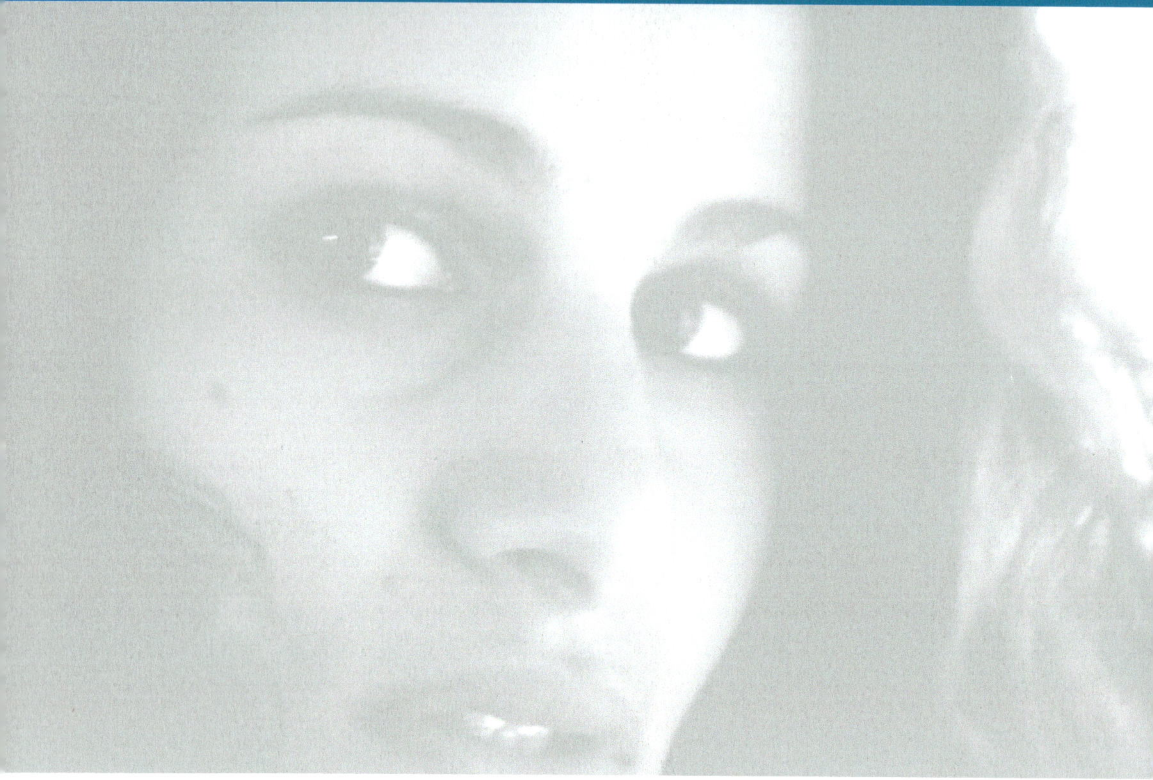

ZEICHNEN MIT WEISS AUF SCHWARZ

Einen ganz speziellen Effekt erreicht man, wenn man nicht mit dunklen Stiften auf weißes Papier zeichnet, sondern genau andersherum. Bei einer Bildidee, die einen hohen Schwarzanteil hat, kann man auch auf umgekehrte Art und Weise arbeiten und mit einem weißen Buntstift die hellen Gesichtspartien aus dem schwarzen Untergrund herausholen. Hier sehen Sie diese Arbeitsweise in zwei Schritten. Sie können auch hier bei Bedarf mit einer Fotovorlage arbeiten. Dabei paust man das Motiv mit einem ganz harten Bleistift mit relativ viel Druck und ohne das Blatt zu grundieren durch. Auf dem schwarzen Papier werden dann die abgepausten Linien in Form von feinen Gravuren sichtbar.

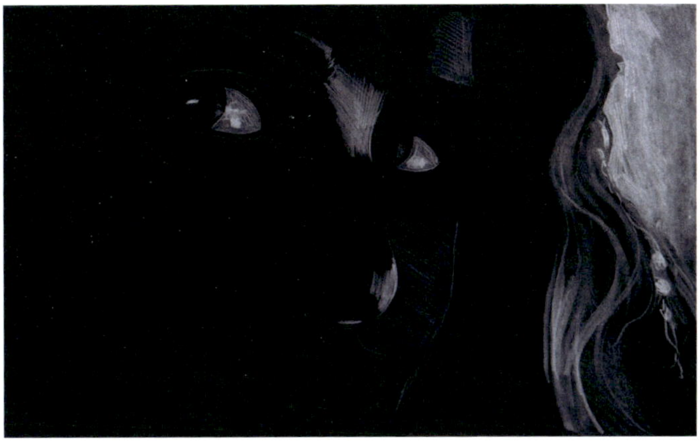

▲ Im ersten Schritt werden die am einfachsten zu erkennenden Flächen weiß schraffiert.

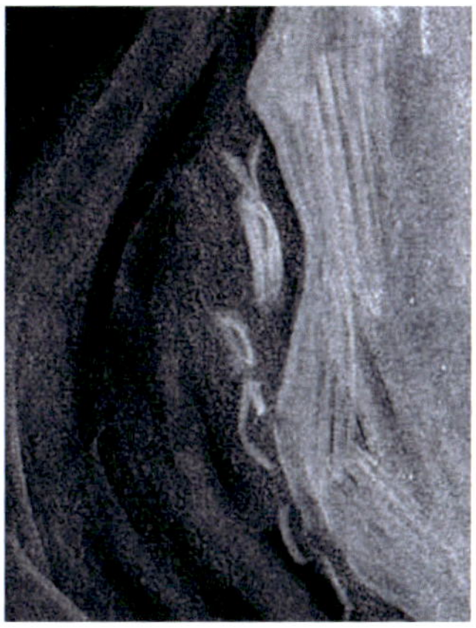

▲ Im Detail sieht man, wie der weiße Buntstift das schwarze Papier gut überdeckt.

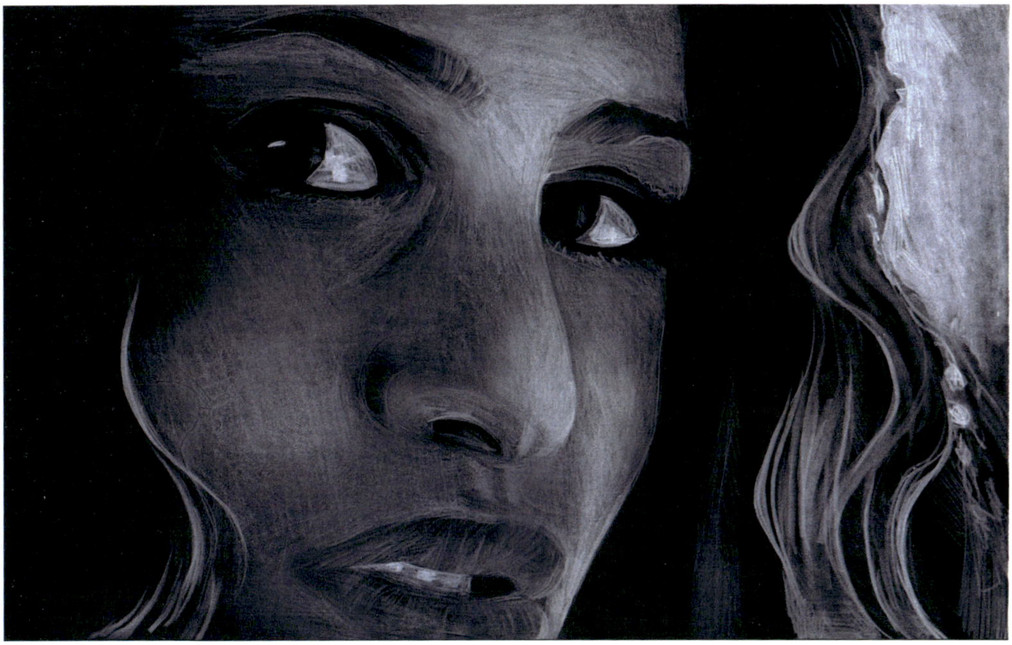

▲ Im weiteren Verlauf werden dann die feineren weißen Schraffuren eingearbeitet.

MOTIVE »
GANZ GENAU

FRONTALANSICHT

Allein schon mit der frontalen Darstellung von Nase und Augen lassen sich künstlerisch ansprechende Zeichnungen anfertigen. Dieses Beispiel zeigt, dass auch der Ausschnitt eines Gesichts schon eine tolle Wirkung haben kann! Tricks, wie Sie die Grundformen einfach aufs Blatt bringen können und die richtigen Schraffurflächen erkennen, finden Sie in Lektion 8 und auf der hinteren Innenklappe.

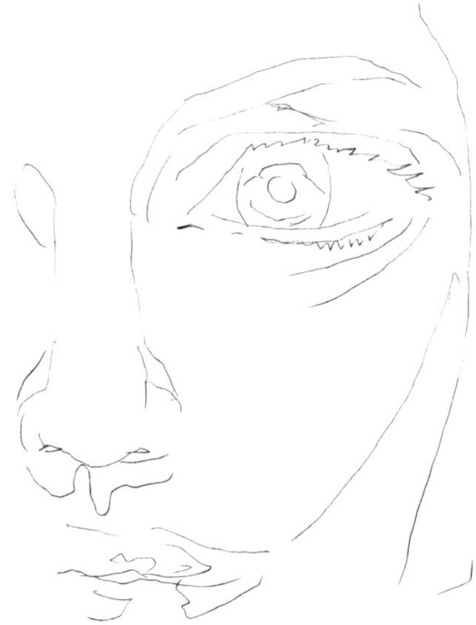

▲ *Mit Hilfe einer der in Lektion 8 beschriebenen Übertragungstechniken wird das Motiv auf dem Papier angelegt.*

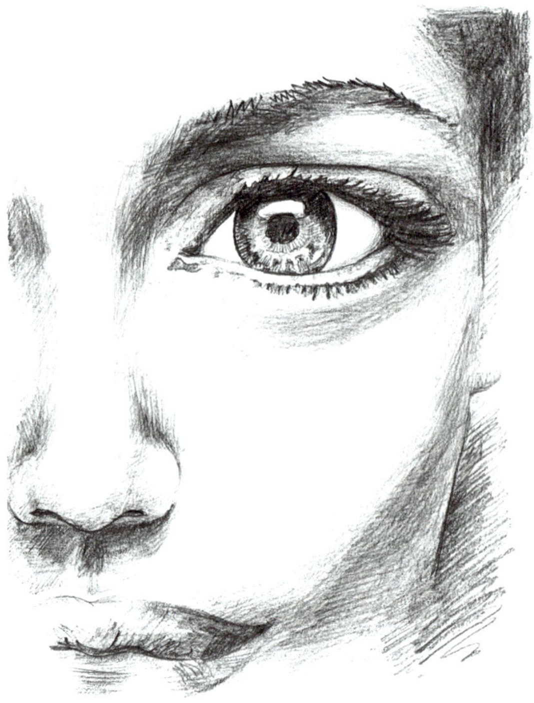

◀ *Nun können Sie alles, was Sie inzwischen gelernt haben, anwenden.*

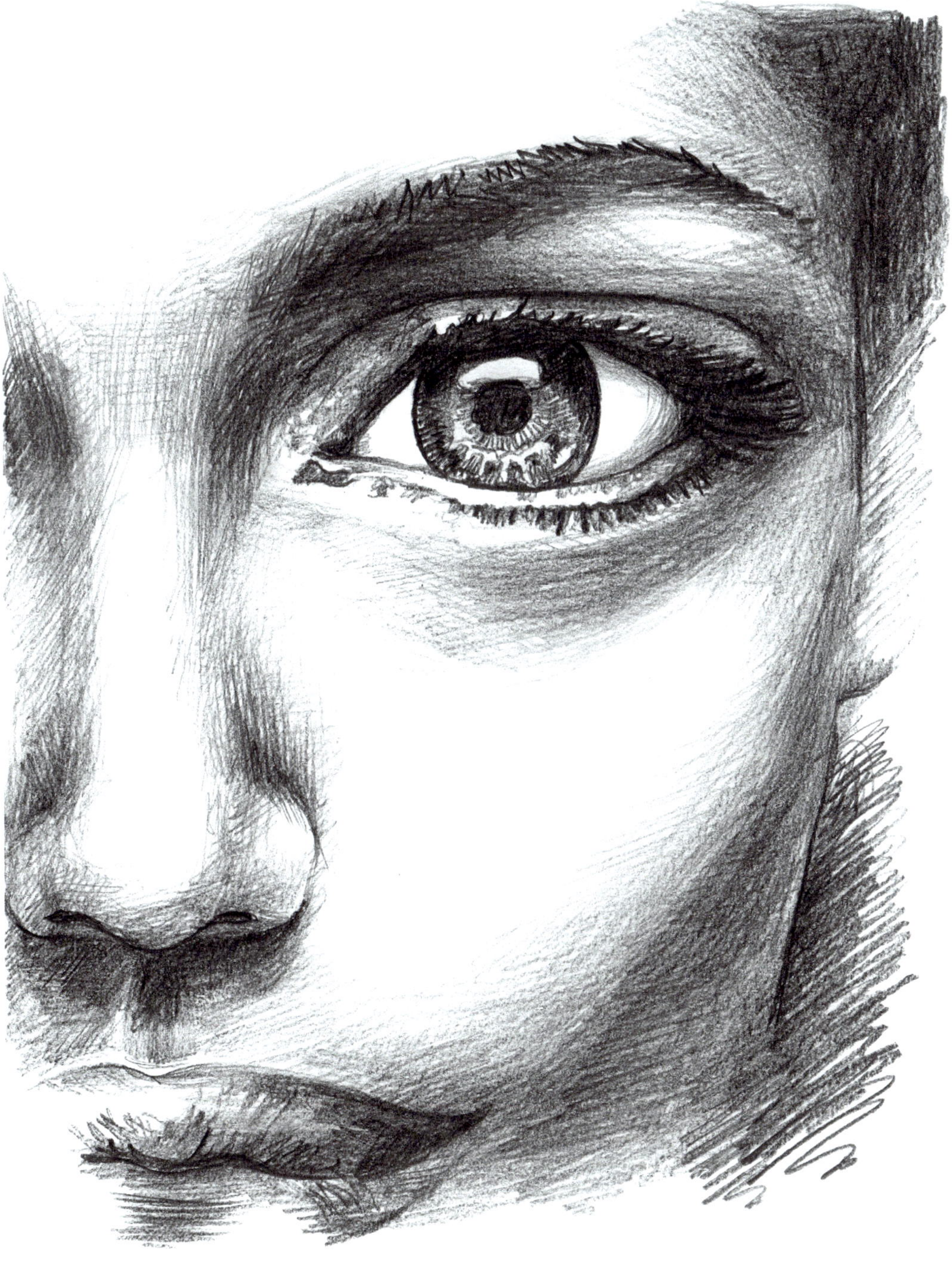

▲ *Versuchen Sie, bei diesem Motiv alles, was Sie sich inzwischen an Können angeeignet haben, bis zum Letzten auszureizen und das Maximum an Ausdruck einzubringen.*

MOTIVE »
FRAU IN PASTELLTÖNEN

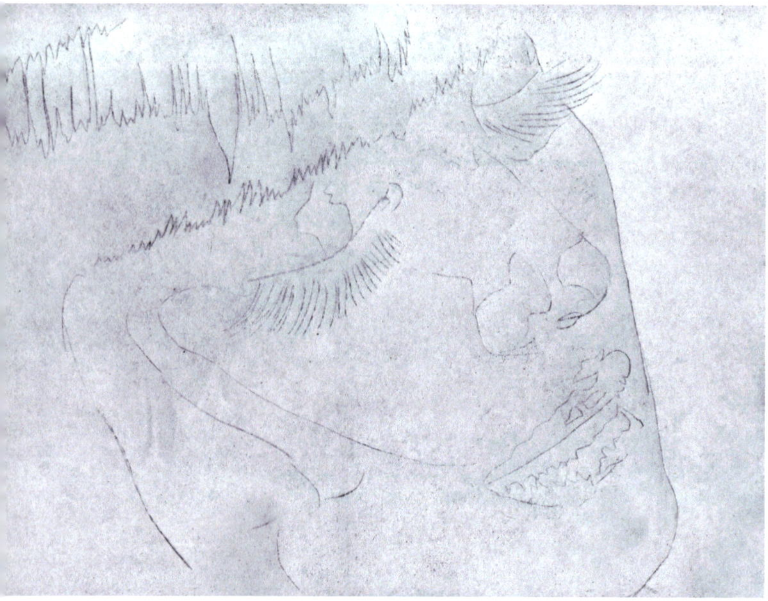

ZEICHNEN MIT BUNTSTIFTEN

Eine Zeichnung muss nicht immer kraftvoll sein. Manchmal wirkt es anmutiger, wenn die feinen Schraffuren eher hingehaucht, also mit geringem Druck des Stiftes, gezeichnet sind. Am Beispiel dieses einfachen Frauenkopfes wird dies sichtbar. Bewusst wurden dabei Farben verwendet, die nicht oder nur ungefähr den natürlichen Farben entsprechen.

▶ *Erste feine Buntstiftschraffuren*

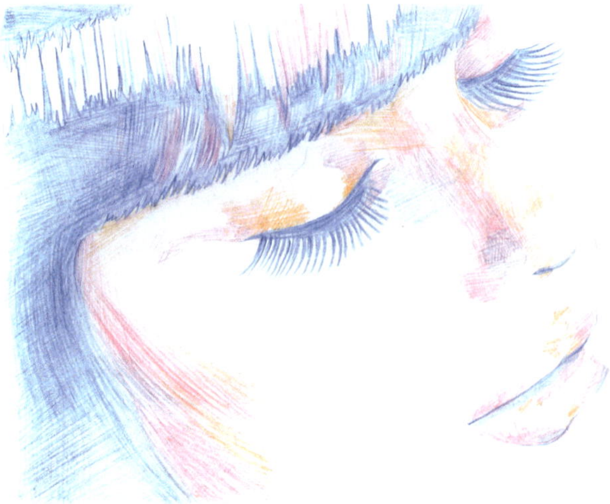

FARBMISCHUNG MITTELS BUNTSTIFTSCHRAFFUREN

Buntstiftfarben lassen sich entgegen der üblichen Vorstellung auch mischen. Das geschieht, indem man feine Schraffuren übereinanderlegt. Das Interessante dabei ist, dass dennoch die einzelnen Farbkomponenten bei genauem Betrachten fein strukturiert erhalten bleiben. Eine gute Übung ist es, beispielsweise Blau und Gelb übereinander zu schraffieren und zu beobachten, welcher Grünton daraus entsteht. In diesem Motiv lassen sich die Mischungen auch ganz subtil einbringen, oder sie entstehen von selbst.

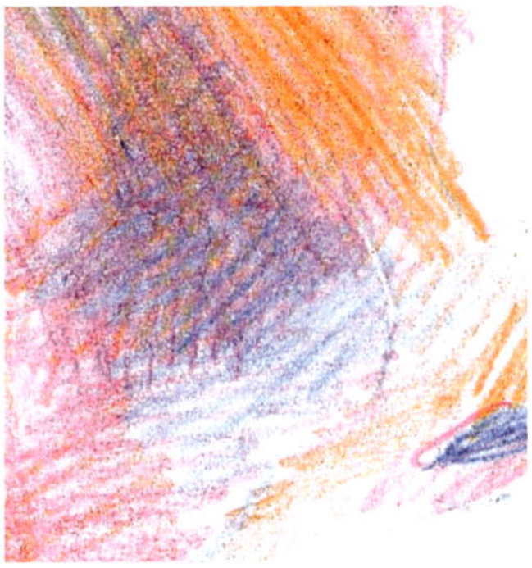

▲ *Im Detail sieht man sehr gut, wie fein sich die Farben mischen.*

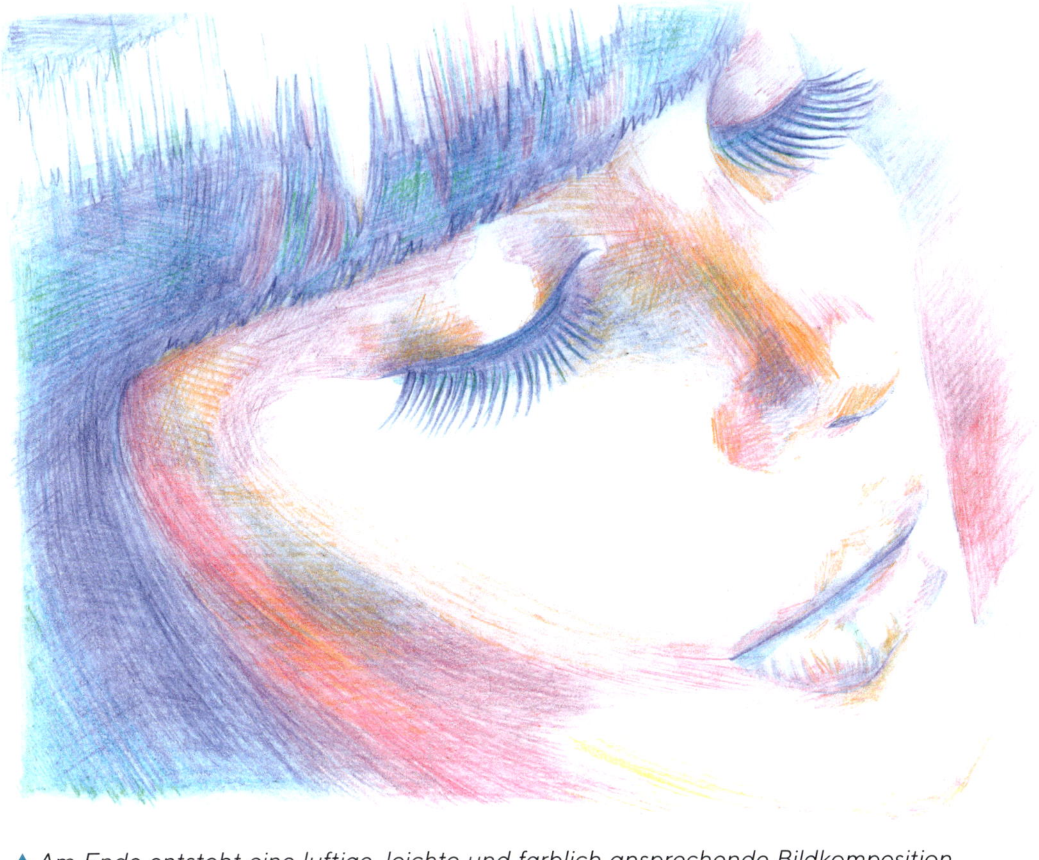

▲ *Am Ende entsteht eine luftige, leichte und farblich ansprechende Bildkomposition.*

MOTIVE »
MÄNNERKOPF

ETWAS SCHRÄGE BILDIDEEN

Zu ästhetisch ansprechenden Motiven findet man schnell Zugang. Aber manchmal ist es einem nach etwas ganz anderem zumute – nach etwas Verrücktem oder Schrägem! Beim Telefonieren kommen oft die seltsamsten surrealen Skizzen zustande. Weshalb also nicht einmal diesen Impuls aufgreifen?
Über freie, keiner Form angepasste „Labyrinthe" kann man sich dieser Technik nähern. Zur weiteren Übung eignen sich dann zunächst einfache geometrische Formen.

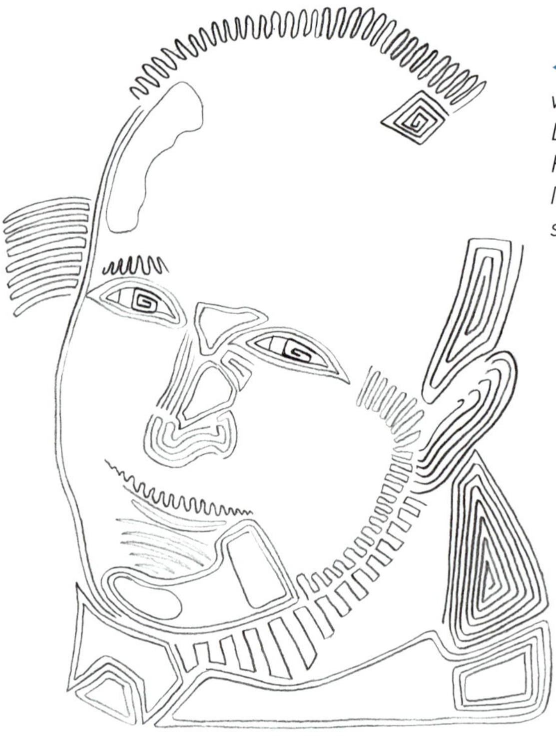

◀ *Im Gegensatz zur freien Linienführung wurde hier ganz schematisch gearbeitet. Die einzelnen Gesichtsbereich sind mit Flächen gefüllt, die als Labyrinthe angelegt sind, weshalb man das Gefühl hat, sich in dem Gesicht zu verirren.*

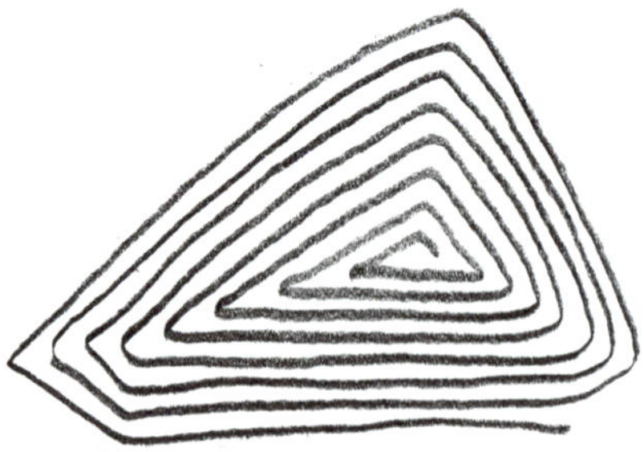

▲ *Das Labyrinth als Grundelement*

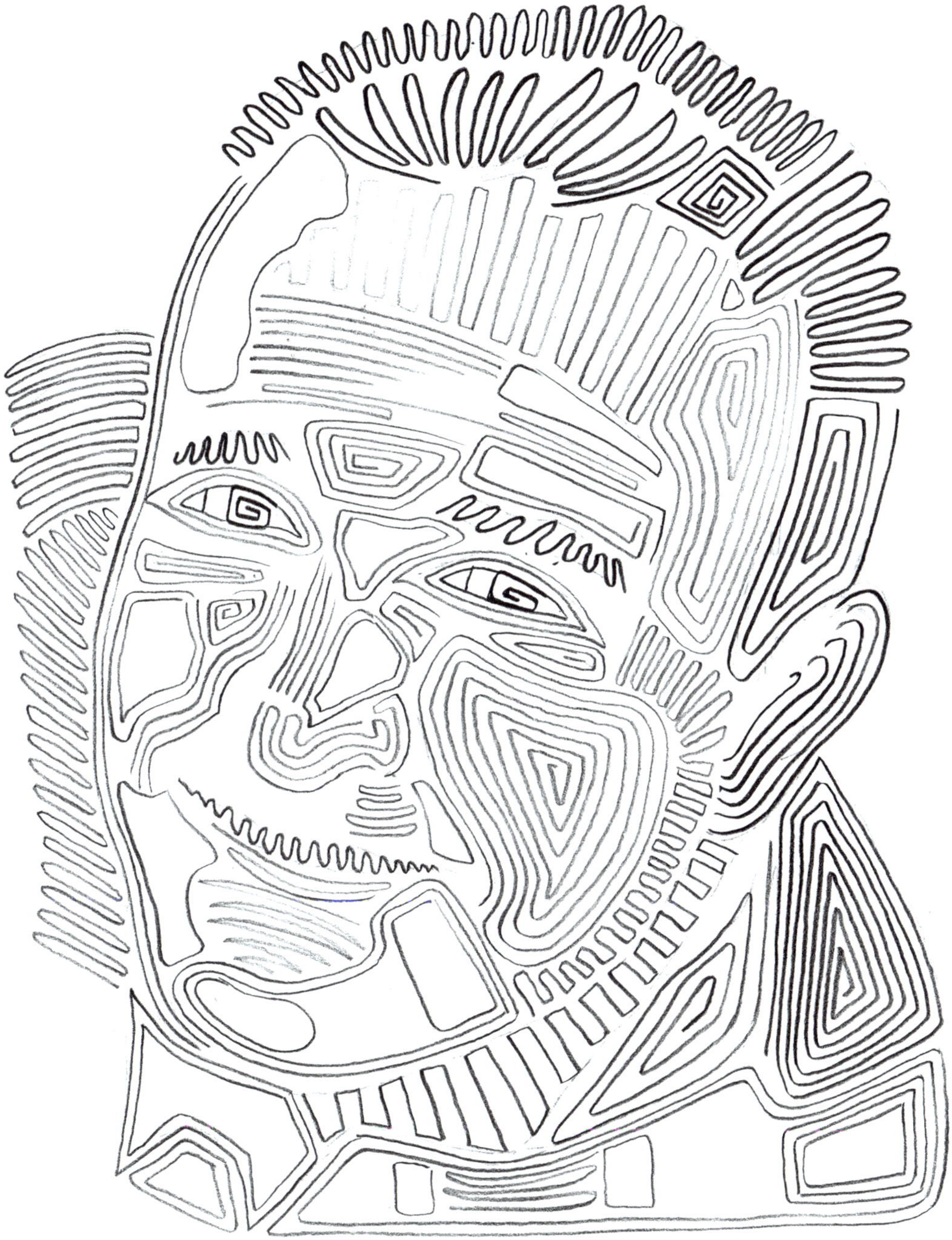

▲ *Am Ende entsteht ein Geflecht aus verschiedenen Labyrinten, die dem Gesicht eine technisch-surreale Anmutung geben.*

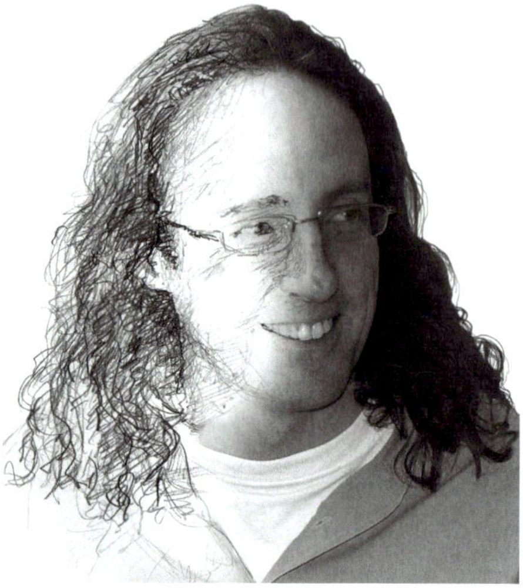

„Es macht Spaß, immer wieder neue Dinge auszuprobieren", sagt **Gecko Keck** – mit bürgerlichem Namen Gerhard Wörner – von sich selbst und lebt auch danach: Zeichner, Maler, Autor, Designer, Verleger, Unternehmer, Gastronom und Veranstalter sind nur einige der Berufe, in welchen der Stuttgarter Künstler schon gearbeitet hat oder die er nach wie vor ausübt.

Eine mehr als zehnjährige Tätigkeit als Spielzeug-Designer für Ferrero Kinderüberraschung, Autor von über 25 in mehrere Sprachen übersetzten Büchern, ein ambitioniertes unternehmerisches Projekt mit hochwertigen Merchandisingprodukten für seine zweite Heimat, die toskanische Insel Elba – das sind nur einige Projekte, die die Vielfalt im kreativen Schaffen von Gecko Keck aufzeigen. Und alle Erfahrungen aus den zurückliegenden Jahren in den unterschiedlichsten Arbeitsfeldern fließen in dieses Buch mit ein.

IMPRESSUM

FOTOS: frechverlag GmbH, 70839 Gerlingen; Fotolia (S. 10, 14, 18, 22, 26, 30);
Gerhard Wörner, Stuttgart (restliche Bilder)
KONZEPTION UND PRODUKTMANAGEMENT: Hannelore Irmer-Romeo, Seline Gwinn
LEKTORAT: Betz Lektorat + Redaktion, Tübingen
LAYOUT UND SATZ: Sophia Höpfner
DRUCK: POLYGRAF PRINT spol. s r.o.

2. Auflage 2023

ISBN 978-3-7724-6877-3 • Best.-Nr. 6877

MIX
Aus verantwortungsvollen Quellen
FSC® C023577

Penguin Random House
Verlagsgruppe FSC® N001967